이 책의 주인공은 '쌀'입니다. 쌀은 이 땅의 자연과 사람이 만나는 지점에 늘 있어 왔습니다. 우리에게 쌀은 생명을 잇는 끼니였고 간절한 소망이자 신앙이었습니다. 밥상 위에 오른 쌀은 땅과 같은 존재로 맵고 짜고 시고 단 온갖 찬들을 조화롭게 품어 안았고, 우리의 문화는 쌀을 중심으로 피어났습니다. 삶의 중심이었던 쌀이 점점 우리의 일상에서 사라지고 있습니다. 쌀 소비량과 밥 섭취량이 줄어들며, 쌀의 시간과 문화가 빛을 잃어가고 있습니다. 쌀밥을 바라보는 시선조차 부정과 긍정이 혼재합니다. 이러한 현실이 안타까워 이 책에 쌀을 담아 보았습니다. 익숙해서 제대로 보지 못했던 쌀의 모습을, 쌀이 자라는 마을의 풍경을, 그리고 쌀과 함께 살아온 이들의 시간을……. 쌀의 과거를 듣고, 현재를 보고, 미래를 요리로 가늠하며 희망도 보았습니다. 주식(主食)의 위치에서 밀려난 동시에 미식(美食)의 중심에 다가서고 있는 밥을, 식탁을 벗어나 다양한 모습으로 변화하는 쌀을, 벼농사가 지닌 치유의 힘을 말입니다. 물론 책에 쌀의 모든 것을 담지는 못했습니다. 그저 쌀을 다시 보고, 다시 읽고, 다시 생각하기를 바라며 아주 조금의 수고를 더했습니다. 이 책이 우리의 '쌀'에 관심을 가질 수 있는 아주 작은 이유가 되길 바랍니다.

Contents

04 /

한 톨, 쌀을 보다

쌀은 과거부터 지금까지 다양한
모습으로 우리의 곁에 있어 왔다.
벼로, 겨로, 쌀로, 밥으로,
떡으로, 술로…
다양한 쌀의 모습과 함께
쌀의 역사를 담았다.

30 /

두 톨, 쌀이 자라다

경기도 평택시 오성면 '신리'는
쌀을 품고 길러내는 마을이다.
너른 들녘을 자랑하는
신리의 논과 밭,
시간이 쌓인 마을의
풍경을 담았다.

58 /

세 톨, 쌀과 함께 살다

쌀이 자라는 마을엔,
쌀을 정성으로 키워내는
사람들이 있었다.
쌀과 함께 살아온
신리 사람들의
이야기를 담았다.

156
/

네 톨, 쌀과 함께 먹다

밥상의 주연은 밥. 찬은
이 밥을 위한 조연이다.
농사짓는 마을의 논과 밭과 물길엔
다양한 쌀의 조연들이 자라고 있다.
쌀과 함께 먹어온
농촌의 먹을거리를 담았다.

196
/

다섯 톨, 쌀을 요리하다

이제 쌀은 주식(主食)이 아닌
미식(美食)이 됐다.
밥의 모습이 아닌 요리로서
식탁에 오르고 있다.
한식의 대가 조희숙 요리연구가의
다양한 쌀 요리 레시피를 담았다.

224
/

여섯 톨, 쌀을 헤아리다

쌀의 다양한 수치와
순환의 과정을 담았다.

쌀							을

보   다

벼

'벼'는 쌀이 열리는 한해살이 식물이다. 벼의 조상은 약 1억 4천만 년 전에 지구에 출현 후 오랜 진화를 거쳐 약 1만년 경에 *재배벼가 되었을 것으로 추정된다. 벼는 밀, 옥수수와 함께 세계 3대 작물로, 재배화된 이후 여러 경로를 거쳐 세계 전역으로 퍼져나가기 시작하였다. 우리나라 재배벼는 중국으로부터 전래된 것으로 추정된다. 전래 당시, 반달형 돌칼과 홈자귀 등 당시로서는 최첨단의 농기구가 유입되면서 농업 생산성이 향상되고 고대국가 형성의 기틀에도 기여하였을 것으로 파악된다.

*재배벼 - 인위적으로 종자를 번식시켜 기르는 벼.

볍 씨

쌀의 재배 기원에 대해서는 현재 많은 연구가 이루어지고 있다. 유력한 재배벼의 기원에는 인도 기원설, 중국 기원설, 동남아 기원설, 아삼·운남 기원설 등 다양한 가설이 존재한다. 몇 해 전 미국의 유전·생물학자들은 *분자시계 분석을 통해 쌀의 기원 시기를 예측했다. 분석 결과, 쌀의 기원은 약 8,200년 전으로 거슬러 올라간다고 발표했다. 고고학자들은 일찍이 중국 양쯔 강 유역에서 8~9천 년 전에 벼를 재배한 증거를 찾아낸 바 있어 분자시계와 고고학적 연구에 따라 학계에서는 중국이 현재 우리가 섭취하고 있는 쌀의 기원지라는 결론을 내렸다.

*분자시계 - 유전자나 단백질 등의 분자 내 특정 부분이 시간이 흐름에 따라 지속적으로 변화하는 것을 이용한 연구. 그 변화의 차이를 조사하면 해당 식물의 분화 시기나 품종 간의 연관성도 확인할 수 있다.

쌀

한반도에서의 농사는 지금으로부터 약 4천~5천 년 전인 신석기 후기에 시작되어 청동기 시대에 들어와 본격화되었다. 당시엔 보리나 콩 같은 잡곡이 주로 재배되었다. 벼농사를 주로 하며 쌀밥을 지어 먹을 수 있게 된 것은 삼국시대부터이다. 허나 쌀은 여전히 귀족들이나 먹는 고급음식으로 당시 서민들은 보리나 조, 기장 등의 잡곡밥을 먹었다. 고려시대에는 쌀이 화폐로도 사용되었으며, 조선 후기에 들어서고 나서야 쌀이 서민들의 주식으로 자리 잡았다. 이후 우리의 세시풍속은 대부분 쌀농사를 중심으로 이루어져 왔다.

밥

백성들이 편히 쌀밥을 먹기 시작한 시기는 조선 중기 이후이다. 관개시설이 전국적으로 구축된 18세기, 영조 때에 이르러서야 모내기가 국토 전반에 시행됐고 이후 조와 보리밥을 주로 먹던 농민들의 밥상에 쌀밥이 등장했다. 조선시대 우리 조상들은 밥을 많이 먹었다. 조선 후기 기록을 보면 당시 한 끼 식사 때 먹은 밥의 양이 성인 남자 7홉, 여자 5홉, 아동 3홉, 어린아이 2홉이라고 나와 있다. 1홉이 약 60㎖로, 남자 어른의 한 끼 밥 양이 420㎖에 이른 것이다. 이렇게 밥을 많이 먹다보니 자연 밥 짓는 기술 또한 남달랐다. 중국 청(淸)나라 때 장영(張英)이라는 학사가 쓴 '반유십이합설(飯有十二合說)'이란 글에 "조선 사람들은 밥 짓기를 잘한다. 밥알에 윤기가 있고 부드러우며 향긋하고 또 솥 속의 밥이 고루 익어 기름지다"며 한 민족의 밥 짓기 솜씨를 극찬했다.

*홉(合) - 한 줌의 양으로 '합한다'는 의미를 나타내며 주로 조, 깨 등 조그마한 곡물을 재는 데 사용한다. 세종 28년에 규정된 한 홉의 부피는 대한제국 광무 6년(1902년)까지 약 60㎖ 가량이었으나, 광무 9년(1905년)에 이르면 약 180㎖로 바뀌는 등 변화의 폭이 컸다.

겨

'겨'는 벼, 보리, 조 따위의 곡식을 찧어 벗겨 낸 껍질을 통틀어 이르는 말이다. 쌀에는 두 개의 겨가 있다. '왕겨'와 '쌀겨'다. 이 중 왕겨는 벼의 겉껍질을 말한다. 우리 속담에 '똥 묻은 개가 겨 묻은 개를 나무란다', '양반은 얼어 죽어도 겻불은 쬐지 않는다'의 겨가 바로 그것이다. 우리 선조들은 이 왕겨로 밥을 짓고 겨울이면 난방을 했다. 예전에는 베갯속으로도 사용했다. 가축분으로 거름을 만들 때도 사용했으며, 추운 겨울 축사 안 동물들의 난방을 위해 바닥에 깔기도 했다. '쌀겨는 '조강지처' 와 연이 깊다. '조강지처(糟糠之妻)'는 쌀 살 돈도 없을 때 '쌀겨와 막걸리 찌꺼기를 먹으며 함께 고생해준 아내'라는 뜻이다. 이처럼 쌀겨는 먹고 살기 힘든 시절 유용한 양식이 되기도 했다. 춘궁기가 있던 시절, 사람들은 쌀의 찌꺼기인 쌀겨로 떡이나 죽을 만들어 먹으며 끼니를 연명했다.

누룽지

'누룽지'는 '솥 바닥에 눌어붙은 밥'을 가리키는 말이다. 지역에 따라 '깡밥', '깐밥', '깡개밥', '깡개', '누룽갱이' 등으로도 불린다. 우리가 언제부터 누룽지를 먹었는지는 정확히 알 수 없다. 허나 무쇠솥에 밥을 하면 자연스럽게 생겨나는 것이 누룽지이기에 곡식으로 끼니를 섭취하기 시작한 때부터가 아닐까 추측할 수 있다. 누룽지는 담백한 맛과 편의성 덕에 예부터 간편식으로 애용되어 왔다. 조선시대 과거시험을 치르기 위해 한양으로 상경하는 선비들과 먼 장삿길을 떠나는 장돌뱅이들은 이 누룽지를 휴대 식으로 즐겼다 전해진다. 누룽지와 짝을 이루는 음식으로는 '눌은밥'과 '숭늉'이 있다. 눌은밥은 '솥 바닥에 눌어붙은 밥에 물을 부어 불려서 긁은 밥'을 가리킨다. 숭늉은 '밥을 지은 솥에서 밥을 푼 뒤에 물을 붓고 데운 물'을 뜻한다. 과거엔 쌀이 매우 귀한 음식이었기에 쌀밥을 지을 때면 솥바닥에 눌은 누룽지도 버릴 수가 없어서 물을 부어 남김없이 긁어 먹은 것이다. 또한, 동의보감(東醫寶鑑)에서는 '오랫동안 음식을 먹지 못한 후에 식사를 할 때 위와 장을 놀라게 하지 않는 누룽지로 치료하라'고 기록하고 있다.

막걸리

막걸리의 역사는 아주 오래되었다. 『삼국사기』에 막걸리를 미온주(美醞酒)로 소개한 기록이 있고, 고려 때의 『고려도경』에는 "왕이나 귀족들은 멥쌀로 만든 청주를 마시는 반면 백성들은 맛이 짙고 빛깔이 짙은 술을 마신다"는 기록이 있다. 조선 시대에는 지방별·문중별로 다양하게 발전시킨 독특한 막걸리를 빚었다. 막걸리는 오덕(五德)과 삼반(三反)을 지닌 술로 전해진다. 먼저 오덕은 허기를 다스려 주는 덕, 취기가 심하지 않은 덕, 추위를 덜어주는 덕, 일하기 좋게 기운을 돋궈주는 덕, 의사소통을 원활케 하는 덕이다. 삼반은 근로 지향의 반 유한적, 서민지향의 반 귀족적, 평등지향의 반 계급적을 뜻한다. 이런 이유로 막걸리는 오랫동안 서민의 술로 사랑을 받아왔다.

*삼국사기(三國史記) - 고려 인종 때인 1145년에 김부식이 펴낸 역사책. 현재까지 전해 오는 우리나라 역사책 중에서 가장 오래된 것이다.
* 고려도경(高麗圖經) - 고려 시대에 송나라 사신 서긍(徐兢)이 고려에 와서 보고 들은 것을 기록한 책.

떡

예상치 않게 뭔가 좋은 일이 생길 때면 한국인들은 '이게 웬 떡이냐'는 말을 한다. 한국인에게 떡은 단순한 음식이 아니라 '기분 좋고 경사스러운 일'을 뜻하기 때문이다. 또 한국인은 떡과 함께 나이 들어간다. 매년 설날 아침, 떡국 한 그릇씩을 비우고 나서야 마침내 한 살을 더 먹는다. 떡국을 먹어온 만큼 나이를 먹는 것이다. 또한 우리나라는 떡의 나라다. 남자도 여자도 어르신도 아이도 호랑이도 떡을 좋아해 명절에도, 생일에도, 제삿날에도 떡을 먹는다. 계절마다, 절기마다에도 수시로 떡을 치고 빚고 지지고 쪄 먹었다. 삼국시대 이전부터 대대로 해먹어온 전통 떡의 종류는 200가지가 넘는다. 우리나라 떡의 역사는 삼국시대 이전으로 거슬러 올라간다. 청동기시대 유적인 *나진초도패총에서 양쪽에 손잡이가 달리고 바닥에 여러 구멍이 있는 형태의 여러 시루들이 출토되었다. 또한 몇몇 유적지에선 곡식을 빻을 때 쓰이는 돌화도 발견되었다.

*나진초도패총 - 함경북도 나진시에 있는 조개더미.

식 혜

옛날 명절이나 집안에 잔치가 다가오면 방 안 아랫목의 커다란 항아리에서는 달달한 식혜가 익어갔다. 식혜는 밥알을 동동 뜨게 만든 한국 고유의 음료로 우리 민족의 지혜가 깃들어 있는 음식이다. 옛 조상들은 명절이나 잔칫날 기름지고 풍성한 음식을 많이 먹은 후엔 식혜를 마셔 체증을 해소하고 소화를 도왔다. 실제 식혜의 재료인 엿기름은 당화효소인 아밀라아제를 포함하고 있어 식후 소화를 돕는 역할을 한다. 또 추운 겨울 식혜를 마실 때면 잣을 동동 띄워 마셨는데, 이는 차가운 음식을 급히 마시면 자칫 탈이 날 수 있어 천천히 마시라는 의미로 잣을 띄운 것이다.

한 과

한과는 떡과 함께 우리 내 삶의 중요한 의례에 빠지지 않고 쓰인 절식이다. 백일과 돌, 혼례와 회갑, 칠순… 그리고 세상을 떠난 후에는 제사상에 올려졌다. 한과의 유래는 과거 과일을 구할 수 없었던 겨울에 과일 대용으로 쓸 수 있도록 만든 데서 유래했다 전해진다. 한과는 조리법을 기준으로 유밀과, 유과, 다식, 정과, 숙실과, 과편, 엿강정, 엿 등으로 크게 구분된다. 겉으로 보기에는 곡물로 과자나 빵을 굽는 세계의 과자들과 비슷하지만, 다른 나라의 과자에서는 찾아보기 어려운 한국 고유의 특징이 존재한다. 한과는 곡물 외에, 두류, 견과류, 종실류, 과일류, 채소류, 한약재를 사용한다. 또한 향을 내기 위해 천연 재료 등 다양한 식재료를 원료로 발효의 과정까지 거치는 것이 바로 우리의 전통과자, 한과이다.

조 청

'청'은 '꿀'에서 유래됐다. 과거 꿀은 아무나 먹을 수 없는 귀한 음식이었다. 꿀을 맛볼 수 없던 서민들은 곡식을 엿기름으로 삭힌 뒤 당분을 농축해 인공적으로 꿀을 만들어 먹었다. 이를 조청(造淸)이라고 한다. 즉 조청은 사람이 만든 꿀이다. 엿이 되기 전 단계에서 불을 내려 식힌 조청은 굳어지지 않고 일정한 농도를 유지한다. 농축 정도에 따라 묽은 조청과 된 조청으로 나뉜다. 묽은 조청은 주로 떡을 찍어 먹는 용도나 감미료로 사용된다. 과거엔 물에 넣어 음료로도 먹었다. 된 조청은 묽은 조청을 더 졸인 것으로 강정 등 한과를 만들 때 쓰인다. 조선시대 선비들의 공부법에도 조청이 등장한다. 조선시대 선비, 그리고 왕세자까지도 글공부에 임하기 전에 조청을 두서너 숟갈 먹었다는 기록이 전해진다. 조청이 인간의 뇌에 포도당을 공급해 기억력 향상과 집중력을 높여주기 때문이다. 옛날 과거시험을 보러갈 때 시험에 붙으라고 엿을 주었던 것 또한 조청으로 만든 엿을 먹고 기억력 향상, 집중력을 높여 시험을 잘 보라는 이유에서임을 알 수 있다.

엿

전통적으로 엿은 맛의 역할을 넘어서 우리 생활 속에서 다양한 의미로 활용되어 왔다. 시집식구들이 엿을 입에 물고 먹는 동안 새 며느리 흉을 잡지 못하도록 입막음을 한다는 의미로 혼례 때 엿을 보내기도 했고, 과거 보러 한양으로 떠나는 유생의 괴나리봇짐 속에도 엿이 들어 있었다. 엿은 기쁨을 상징하는 음식이기도 했다. 엿은 한자로 '이(飴)'라고 쓴다. 글자를 풀어보면 '먹을 식(食)' 변에 '기쁠 태(台)' 자로 이루어져 있다. '台' 자는 '별 태'로 읽기도 하지만 '기쁠 이'로 발음하기도 한다. '태(台)'는 세모처럼 생긴 '사(厶)' 자 아래에 '입 구(口)'로 구성됐다. 즉 입을 세모처럼 방실거리며 기뻐한다는 뜻이다. 달콤한 것이 귀했던 옛날, 곡식에서 꿀만큼 달콤한 엿을 만들어 냈으니 먹어서(食) 희열을 느낄 정도로 기쁜(台) 음식이 바로 엿(飴)이었던 것이다. 이와 같은 엿의 상징성은 우리나라 전통 풍습인 '복엿'에서도 엿볼 수 있다. 복엿은 설과 정월 대보름 아침에 먹던 햇곡식으로 만든 하얀 가락엿으로, 사람들은 복엿을 먹으면 '얼굴에 버짐이 피지 않으며, 여름철엔 보리밥이 꿀맛처럼 달고, 일 년 내내 입맛이 좋아져서 무엇이든 맛있게 먹는다' 여겼다. 또한 복엿을 먹으면 엿가락처럼 살림이 늘어나서 부자가 된다고 믿었다.

쌀이

자라다

맨주먹으로 일군 땅

'신리(新里)'는 평택시 오성면의 첫 동네다. 벌판에 새로 형성된 마을이라 해서 신리라 이름 붙여졌다. 이곳은 100여 년 전만 해도 마을이 거의 없는 허허벌판이었다. 벌판도 그냥 허허벌판이 아닌 조수(潮水)가 내륙 깊숙이 파고드는 갯벌이 펼쳐진 땅이었다. 이 마을은 역사적 부침도 겪어왔다. 일제 강점기엔 일본인들이 이 땅을 차지하고 있었고, 해방 후엔 미군정 적산 농지였다. 한국전쟁 후에야 개간이 시작됐다. 당시 마을 주민들은 지게나 가래를 들고 부역을 나갔다. 변변한 도구도 없이 거의 맨주먹으로 해야 하는 개간 작업은 고되기가 이를 데 없었다. 그래도 희망은 있었다. 농지가 개간되면 부역 나온 농민들에게 분배되었기 때문이다. 개간은 1960년대를 거쳐 1970년대 아산만 방조제 건설이 완공되면서 마무리됐다.

물의 수난사가 올올이 깃든 땅

신리는 물이 많은 동네다. 신리를 휘감아 도는 진위천은 어지간한 강보다 수량이 많아 배후습지도 넓게 형성되어 있다. 하지만 아산만 방조제가 건설되기 전의 신리 들녘은 이 물길 때문에 지지리도 고생하던 땅이었다. 진위천은 간만의 차가 최고 9m에 달해 조수가 한 번 드나들면 거친 물살에 토지가 1~2m씩 잘려나갔다. 지긋지긋한 물난리의 연속이었다. 물난리보다 힘겨운 것은 식수난이었다. 신리는 오성면에서도 식수를 구하기 가장 어려운 동네였다. 땅을 파면 짠물이 콸콸 나와 허드렛물도 구하기 어려웠다. 당시 마을 사람들은 집 지을 때 파 놓은 웅덩이에 고인 빗물로 식수를 하거나 옆 마을에서 물을 길어왔다. 1973년 안성천 하류에 방조제를 건설하여 바닷물의 유입을 차단하고 나서야 물을 안정적으로 공급받게 되었다. 옛 시절을 살아낸 마을의 노인들은 이 사건을 '천지개벽' 또는 '박복한 년 팔자 고친 사건'이라 이야기한다.

"갯가가 먹여 주었지!"

과거 신리는 모든 것이 부족했다. 식수는 물론 식생활에 필요한 땔감도 부족했다. 산 하나도, 작은 언덕 하나도 이 마을에는 없었다. 들이 넓어 쌀은 풍족했으나 콩이나 채소 또한 부족했다. 이때 마을 사람들을 먹여 살린 것은 갯가였다. 진위천 갯가에서 나는 크고 작은 물고기들은 배고픈 신리 사람들의 귀한 양식이었다. 민물과 짠물이 섞인 진위천에서는 장어와 숭어, 강달이(거물치, 멸칫과의 어종), 밴댕이, 병어, 곤쟁이 같은 생선이 많이 잡혔다. 특히 숭어와 강달이가 많이 잡혔는데 숭어는 늦겨울이나 초봄에, 강다리는 늦봄에서 초여름 무렵에 잡혔다. 지금도 옛 맛을 기억하는 사람들은 숭어회를 즐기며, 이제는 쉬 볼 수 없는 강달이 맛을 그리워한다. 가난한 사람들은 곤쟁이를 잡다가 서정리장이나 안중장에 내다 팔아, 호박이나 콩, 채소 등과 바꿔 먹기도 했다.

험난했던 배움의 길

모든 것이 부족했던 신리엔 학교도 없었다. 창신초등학교가 설립되기 전, 마을의 아이들은 국도 38호선을 따라 2~3km 떨어진 오성초등학교까지 걸어가야만 했다. 흙길, 물길을 지나 학교를 오가던 아이들의 신발엔 언제나 진흙덩이가 덕지덕지 붙어 있었다. 험난했던, 그래서 더 간절했던 배움의 길이었다. 마을에 풍요가 찾아들고, 아이들이 많아지면서 1969년, 마침내 창신초등학교가 설립되었고, 마을 사람들은 너나할 것 없이 개교를 무척이나 반겼다 전해진다.

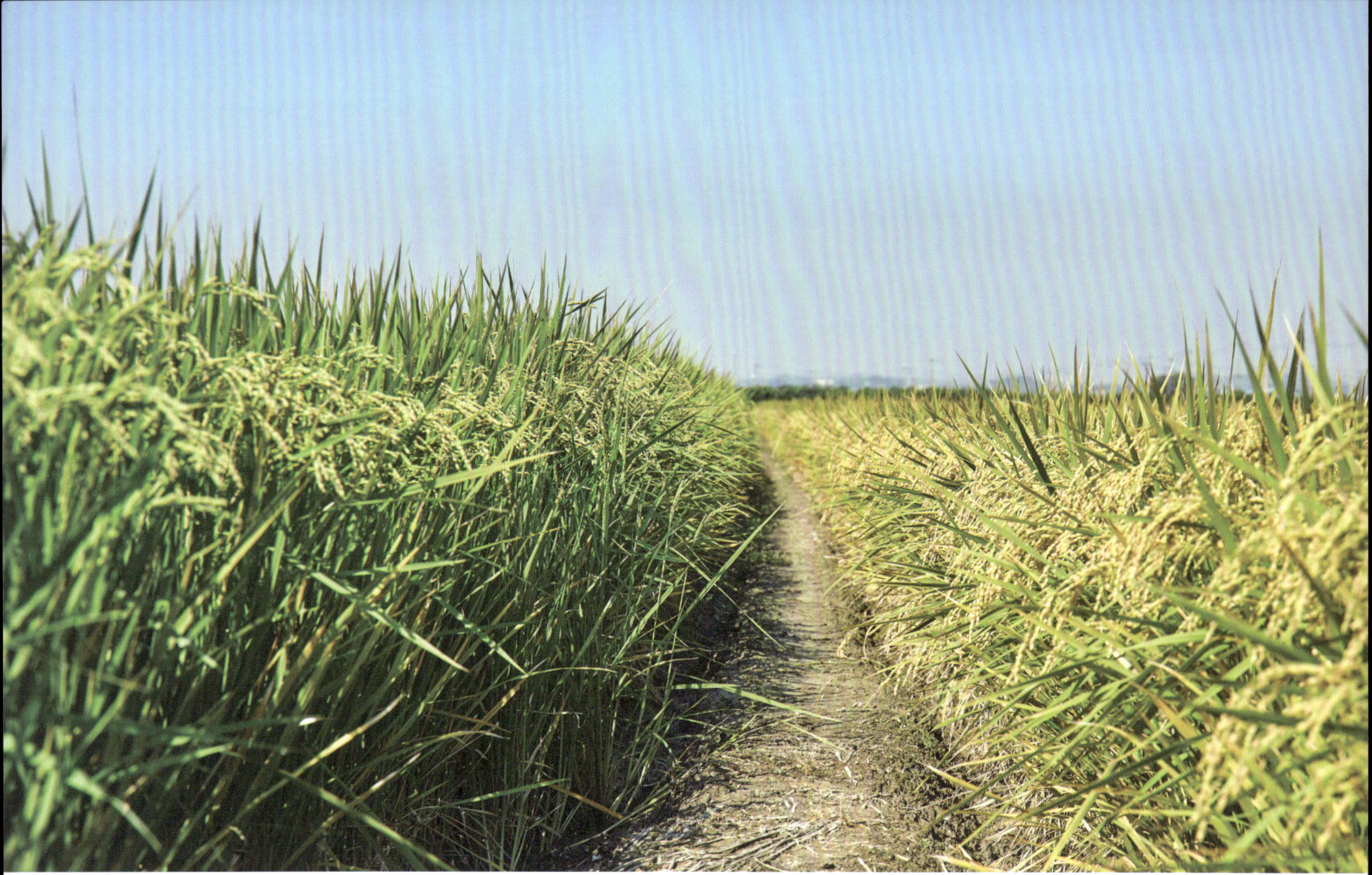

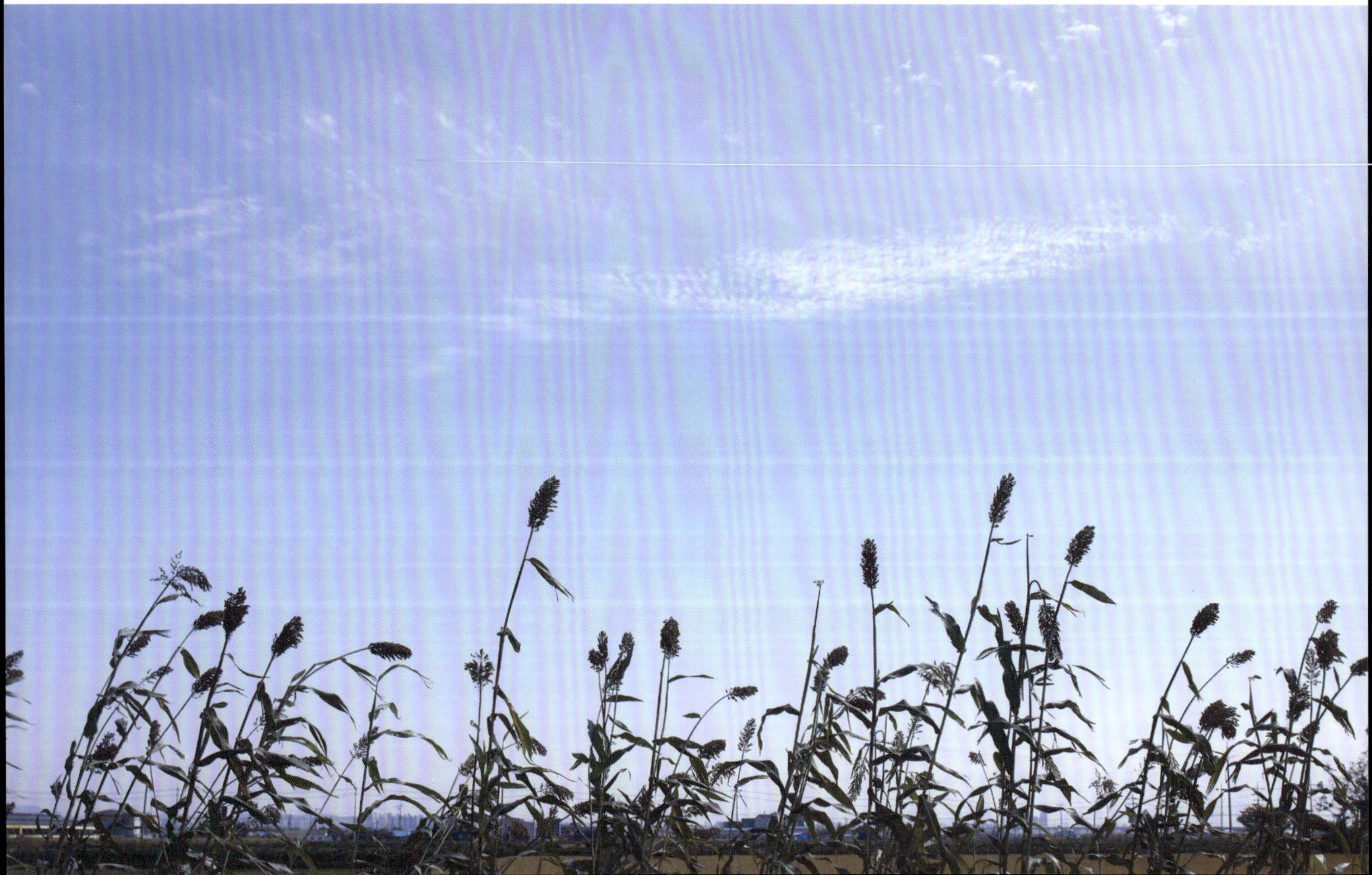

뜨거웠던 여름을
결실로 승화시킨
신리의 가을 들녘에는
잘 익은 벼가
황금빛으로 출렁인다.

서해의
바람이 불어오는
신리의 너른 들녘 가득
단단히 뿌리박은 벼들은
이 땅을 일구는
구릿빛 농부들에게
오가는 계절이
얼마나 아름다운지
소곤고손 얘기한다.

신리는 평택시의
대표적인 논농사 지대로
논에서 태어나 논에서 잠드는
농부들의 땅이다.
농부들에게 이 너른 들녘은
삶의 고통이자 희망이었다.
봄이면 들녘에 머리를 조아리며 모를 심고,
여름이면 뜨거운 햇살 아래
야물게 여물어 가는 낱알을 쓰다듬고
가을이면 제 몸이 겨운 듯
고개 숙인 이삭들을 베어내며
농부들은 알아갔다.

부지런하되
욕심을 내려놓아야 함을
농사는 하늘이 짓는 것임을
그리고 자연의 감사를…

물길을 헤치며 다가선 신앙의 길

신리 일대에는 일찍부터 천주교와 기독교가 전파되었다. 특히 천주교는 진위천 수로를 통해 선교가 이루어지면서 신리 새터마을에도 *공소가 설립됐다. 공소 중에는 진위천 건너 고덕면 궁리 공소가 가장 컸다. 하지만 신앙이 좋았던 마을 사람들은 신리에서 20~30리 떨어진 평택성당까지 미사를 드리러 다녔다. 이른 새벽밥을 해 먹고 나선 미사의 길은 녹록지 않았다. 배를 타고 물길을 건 너야 했으며, 배를 띄울 수 없는 썰물 때면 진위천을 헤엄쳐 건넌 뒤 젖은 옷을 입은 채 미사를 드리기도 했다. 당시 마을 사람들이 천주교와 기독교를 받아들 인 이유는 다양했다. 결혼 후 아이들이 연이어 죽거나 남편의 병환을 계기로, 또는 시어머니가 고집하는 굿판이 보기 싫어 입교를 하기도 했다.

*공소 - 가톨릭 본당보다 작은 교회. 신부가 상주하지 않는 예배소.

신리 사람들의 마음은
언제나 푸른 콩밭에 가 있다.
콩밭 옆이 논이고,
논 옆이 콩밭이니
논에 나가도,
밭에 나가도 늘 그곳은 콩밭이었다.
길러내고,
베어내고,
먹어가며…
쌀과 콩과 함께한 삶

오늘도 신리 사람들의 마음은
푸른 콩밭에 가 있다.

이 밭을 일군 손은
예쁘지 않은 손,
곱지 않은 손,
하나 같이 고생을
많이 한 손
그래서 착한 손,
그 손들이 만들어낸
달보드레한 맛들이 익어가는
신리의
곱디고운 텃밭들

오래 되어 낡고
문패는 허름하게 변해 있고
담은 무너지고,
기둥은 휘어진…
세월의 나이테 같은 거미줄과
색 바랜 세간들이 주인이 된
사람들이 떠나간 집…
그래도 지난 시간을 품고 있어
아름다운 옛집의 풍경

풍성한 곡식을
길러내 낳고,
긴 겨울잠에 들어간
들녘의 초겨울
시든 배춧잎과 볏짚이
낙엽처럼 나뒹구는
헐벗은 땅 위로
자연과 인간이 완성한
대지 예술

동요 '노을'의 배경이 된 풍경

평택시는 대한민국 국민들이 사랑하는 동요 '노을'의 배경이 된 곳이다. 1983년, 화가이자 동화작가로도 활동해온 평택 출신의 이동진 선생은 평택시 군문동에서 안성천 너머 소사벌로 저무는 노을 풍경에 영감을 얻어 '노을' 노랫말을 썼다. 평택의 시골 마을에서 만들어진 이 동요는 다음해 〈MBC 창작동요제〉에서 '대상'을 받았고, 이후 TV와 라디오 등 방송을 통해 전국으로 퍼져나갔다. 하지만 이제 평택의 마을에서도 노랫말에 등장하는 초가지붕과 허수아비, 굴뚝에서 피어오르는 저녁연기를 만날 수는 없다. 하지만 여전히 해질 무렵이면 바람이 머물다간 너른 평택의 들판 위로 빨갛게 노을이 탄다.

쌀   과

함   께   살   다

이계순　김희수　김유순　박판성　양정모　전홍식, 김종섭　　한강화　김희중　이예령

조병욱　김상기　심재덕

옛날엔
없이
살았으니께...
밥이나
얻어
먹으라고

이집으로
보낸 겨

이계순 / 1915년 생 / 평택시 오성면 신2리

"시집살이 엄청 했지.
어린 게 뭘 알어…
누가 가르쳐 주기나 혀…
만날 혼났지.
다듬이질 짝 못 맞춘다고 쥐어박고,
얼음물에 한 빨래가 깨끗하지 않다고 때리고,
아궁이에 불을 잘 못 지폈다고
솔갱이로 맞아
머리에서 피가 철철 나고…

                                           말해 뭐혀 징글징글 혔어."

가난이 빚은 아픈 이름 민며느리

'민'이 라는 글자가 품은 뜻은 이렇다. '꾸미거나 딸린 것이 없는', '그것이 없음' 또는 '그것이 없는 것'의 뜻을 더하는 접두사. 홀로 설 수 없는 글자이자, 불완전의 글자, 여리고 약한 말이다. 이 '민'자를 삶에 붙인 이들이 있다. '민며느리'. 장래에 며느리로 삼으려고 혼례를 올리기 전 데려다 기르는 계집아이를 부르는 이름이다. 이계순 할머니는 나이 열 살에 그 여리고 약한 이름을 달고 신리 땅에 들어왔다. "시집살이 엄청 했지. 어린 게 뭘 알어… 누가 가르쳐 주기나 혀… 만날 혼났지. 다듬이질 짝 못 맞춘다고 쥐어박고, 얼음물에 한 빨래가 깨끗하지 않다고 때리고, 아궁이에 불을 잘 못 지폈다고 솔갱이(소나무 가지)로 맞아 머리에서 피가 철철 나고… 말해 뭐혀 징글징글 했어." 호랑이처럼 눈을 부라리는 작은 시어머니 밑에서 모진 세월을 살았다. 물 긷기, 김매기, 빨래하기, 모심기 같은 것들을 열 살 때부터 손발에 굳은살이 박히도록 했다. 눈물 마를 날이 없었고, 자신을 민며느리로 보낸 친정 부모님에 대한 원망도 깊어갔다. 그 원망과 서러움이 쌓여 친정어머님 장례에도 발길을 두지 않았다. 그리고 여전히 어머님의 이야기는 입에 올리려 하지 않는다. 영혼에 깊게 팬 상처가 100년 가까운 세월이 흘렀음에도 사라지지 않은 것이다. 한 많은 세월에 주름이 굵게 파인 그녀는 말한다. 아름다이 회상할 지난 시절은 없다고. 아니면 그 시절이 너무도 징그러워 잊었을 수도 있다. 100세를 넘기면서 더 가물가물 해졌지만 지난 시절 힘들게 일했던 기억만은 쓰리고 깊게 남아있다. "하루에 모내기를 두 집도 하고 세집도 했지, 아침 여섯시부터 시작해 다 심을 때까지 했어. 그땐 여자들이 모를 많이 심었어. 살이 터서 피가 날 만큼 손에 물 마를 날이 없었지. 반창고가 없어 삼배 쪼가리로 상처를 감아 밥풀로 터진 부분 감싸고 다시 일을 했어." 지금은 일주일이면 끝날 모내기가 그 시절엔 40일 가까이 이어졌다. 다른 농사일도 마찬가지였다. 기계 없이 맨발 맨손으로 논밭을 일구다 보니 마음 놓고 허리 한 번 펴기 힘들었다. 고된 노동 뒤엔 늘 허기가 뒤따랐다. "쌀농사를 지어도, 돈 만들어야 하니께 먹지 못하고 팔기만 했지. 그 땐 이 집이나 저 집이나 다 힘들었지 뭐. 옛날 얘긴 다 힘들어." 고달픈 농사일보다 더 힘들었던 것은 외로움이었다. 네 살 위 철없던 남편은 그녀를 위로하기 보단 작은 시어머니 편에 서서 그녀를 더욱 모질게 다그쳤다. 몸도 마음도 기댈 곳 없는 나날이었다. 그래도 다시 한 번 묻는다. 정말 좋았던 시절의 기억은 없는지. "아는 것도 있고 까먹은 것도 있지… 인제 말해 뭐혀… 그만해, 말할 때마다 마음이 아파." 떠올리면 눈물만 나니 속으로만 삭혔던 인생의 고개들. 말로 풀어내자니 한숨이 쏟아진다. 고개 숙여 한숨 쉬는 백발의 머릿속이 시집살이의 흉터로 성성하다.

이계순 할머니가 스물 살이 되던 해 직접 마련한 첫 살림살이는 맷돌이다. 그녀는 이 무거운 돌덩이를 평택장에서부터 머리에 이고 왔다. 이 맷돌로 콩을 곱게 갈아 두부를 만들고 콩죽도 끓였다. 할머니와 80여년을 함께한 이 맷돌도 이제는 믹서에 제 자리를 내주고 마당 한편에서 그녀처럼 고요히 나이 들어가고 있다.

> "옛날엔 집집마다 죄다 술들 해먹었지.
> 그러면 양조장에서 술이 안 나가니께
> 세무서에 조사하라고 찌르지.
> 걸리면 세금을 많이 맞았어.
> 쌀이 있어도 술 해먹기 힘들던 시절이었어."
> 그 시절 빚어 먹던 술을
> '호랭이술'이라 부른다
> 밀주단속반원들에게 적발되는 것이
> 호랑이 보다 더 무섭다하여
> 호랭이술이라 부른 것이다.

스무 살이 되던 해, 그녀는 정식 혼례도 치르지 못한 채 남편을 맞았다. 이후 육남매를 낳았고, 그 중 딸 둘을 앞세웠다. 슬퍼할 겨를도 없이 남은 자식들 먹여 살리려 애면글면 살았다. 허나 열심히 살아도 늘 먹을 것이 부족했다. 그 시절 그녀를 비롯한 마을 소농들은 '장려쌀'을 빌려 먹었다. 쌀 한가마니를 빌려와 가을에 한가마니 반을 갚는 제도였다. 고리대금이었지만 산 입에 풀칠이라도 하기 위해서는 어쩔 수 없는 선택이었다. 70년대 후반에 이르러서야 쌀 걱정 없이 살게 되었다. 쌀이 넉넉해지면서 쌀 부리는 솜씨도 풍성해졌다. "쌀처럼 좋은 게 어딨어… 떡도 해먹고, 감주도 할 수 있고… 엿도 만들었지. 엿이 뭐 어려워. 밥을 쪄서 식혔다 솥에다 끓이면 엿 되는 거지 뭐…" 술도 곧잘 빚었다. "옛날엔 집집마다 죄다 술들 해먹었지. 그러면 양조장에서 술이 안 나가니께 세무서에 조사하라고 찌르지. 걸리면 세금을 많이 맞았어. 쌀이 있어도 술 해먹기 힘들던 시절이었어." 그 시절 빚어 먹던 술을 '호랭이술'이라 부른다. 대한제국 말기 일본에 의해 주세법이 발령되면서 밀주 제조가 성행하게 되었는데, 이때 밀주단속반원들에게 적발되는 것이 호랑이 보다 더 무섭다하여 호랭이술이라 부른 것이다. 그녀의 집 마당 한편엔 곱게 나이든 맷돌이 있다. 그녀 나이 스무 살 되던 해 평택장에 가 머리에 이고 온 살림살이다. 그 맷돌로 두부를 만들고 콩죽도 끓였다. 지금도 그녀는 가끔 콩죽을 끓인다. 콩죽은 사실 쌀이 부족하던 시절 배를 불리기 위해 먹던 곡기였다. 콩죽 끓이는 법은 어렵지 않다. 콩을 물에 담가 불린 다음, 비벼 겉껍질을 제거한다. 이것을 맷돌에 곱게 갈아 쌀과 함께 솥에 붓고 끓이면 된다. 쌀알이 충분하게 익어 퍼지다 노르스름한 콩죽 속에 떠올라 있듯이 보이면 잘 된 콩죽이다. 그녀의 말대로 끓여 맛을 보니 고소하고 부드럽다. 지난 시절을 견디게 해준 순하고 푸근한 옛 맛이다. 입 하나 덜어보려고 열 살도 안 된 나이에 민며느리가 된 여자. 짐 보따리 하나 들고 철모른 채 시집왔던 어린 소녀는 어느덧 백 다섯 번째 봄을 맞이하고 있다. 그녀를 찬찬히 본다. 바람 빠진 풍선처럼 쭈글쭈글하고 검버섯에 뒤덮인 얼굴에 뭉툭한 손가락 마디마디는 휘어지고 비틀려 있다. 허리는 무너지고 무릎은 연골이 닳아 걸을 때마다 뼈마디 부딪치는 소리를 낸다. 100년이 넘는 세월 동안, 죽을힘을 다해 삶을 끌어안은 결과다. 그녀의 지친 몸에 꽃신을 신기고 분홍색 립스틱을 바르니 수줍은 스무 살 새색시가 된다. 면사포를 쓴 그녀의 곁에 서니 몸에서 푸근한 노인의 냄새가 난다. 진액이 다 빠지도록 세상 밭을 일군 후 엉겨나는 생의 냄새이다. 마지막으로 물었다. 다음 생엔 무엇으로 태어나고 싶은지. "다시 태어나긴 뭘 태어나… 가면 그만이지… 징글징글한 세상 뭘 태어나."

콩죽은 불린 콩을 갈아서 멥쌀을 넣고 끓인 죽이다. 부족한 쌀 대신 콩을 넉넉히 갈아 넣어 배고픈 시절을 참고 견디게 했던 고마운 음식이다. 맛이 고소하고 부드러우면서도 영양가도 풍부해 옛 시절 쌀을 주식으로 하는 농부들에게 훌륭한 단백질 공급원이 되기도 했다.

흥이
있어야
일할 때도
힘들지
않어
색소폰은
나에게

흥이여

김희수 / 1961년 생 / 평택시 오성면 신2리

"부모님이
중학교 다닐 때부터
화성에서 정미소를 했어.
그래서 정미소가 친근했지.
대학 졸업하고 있다가는
이 마을 정미소를 판다는 소식을 듣고
이곳에 왔지.
와서 보니 이곳이 다 들판인 겨,
그래서 일거리가 많겠구나…

10년만 고생하면
자리를 잡겠구나 했지."

정미소는 내 인생

예전 들녘의 모든 길이 정미소로 이어지던 시절이 있었다. 그 시절 정미소는 시골 마을의 중심이었다. 사철 방아가 돌아가며 고소한 쌀 냄새를 풍겼고, 사람들은 벼가 쌀이 되길 기다리며 이야기꽃을 피웠다. 오성면 신2리에는 오래된 정미소가 있다. 이 정미소의 나이는 백 살이 넘었다. 내려앉은 지붕은 함석을 몇 번이나 올렸는지 헌옷을 기운 듯하다. 겉모습은 어설퍼 보여도 안으로 들어서면 육중한 기계들이 건장하게 버티고 있다. 그리고 여전히 이곳에선 100여년의 세월이 흔들리며 벼가 쌀로 태어난다. 김희수 씨는 1986년 3월 13일 이 정미소의 3대 주인장이 되었다. "부모님이 중학교 다닐 때부터 화성에서 정미소를 했어. 그래서 정미소가 친근했지. 대학 졸업하고 있다가 이 마을에서 정미소를 판다는 소식을 듣고 이곳에 왔지. 와서 보니 이곳이 다 들판인 겨. 그래서 일거리가 많겠구나… 10년만 고생하면 자리를 잡겠구나 했지." 패기 있게 정미소의 주인장이 되었지만, 삶은 새로운 숙제를 내어줬다. "난 이 넓은 들판에 정미소가 하나만 있는 줄 알았지. 그런데 한 달이 지나도록 쌀 빻아 달라고 찾아오는 사람이 하나도 없는 겨. 알고 보니 마을마다 정미소가 있는 겨. 또 정미소 주인이 바뀐다고 소문이 나서 미리들 다 도정을 해 가지고는…" 돈을 빌려 어렵사리 마련한 정미소였으나 찾는 이가 없었다. 돈이 궁했고, 어느 날 취득세 고지서가 날아들었다. "정미소 온지 한 달 정도 지났는데 취득세 용지가 날라 왔어. 그 돈 안내면 정미소 뺏기는 줄 알고 마을에서 돈을 빌리러 다녔지. 근데 이사 온 지 한 달 밖에 안 된 사람에게 누가 돈을 빌려 주었어. 그때부터 마을 논밭에 나가 일했지." 정미소 주인이 된지 한 달 만에 그는 농군이 되었다. 별 보고 나갔다 별 보고 들어오는 하루 일당이 1만 원이었고, 하루도 쉬지 않고 63일을 일해 취득세를 냈다. 정미소를 지켰고, 그렇게 농군으로서의 인생 2막을 시작했다. "논갈이 하고, 모를 심고, 벼를 베고… 할 수 있는 품팔이는 다했지. 그러면서 기계도 배우고 농사짓는 것도 어깨 너머로 보고… 그러면서 지금까지 온 겨." 정미소에 일감이 밀려들던 시절도 있었다. 1992년은 정미소가 최대의 호황기를 누리던 시절이다. "그땐 직원을 둘이나 두고 있었어. 그때 안사람이 밥 하느라 고생했지. 인부가 둘인데 한 사람은 진밥, 한 사람은 된밥을 좋아하는 겨. 아내가 냄비 밥 해대며 맞춰 해줬지. 밥을 기가 막히게 잘 혀." 1년 내내 돌아가던 정미소 기계는 이제 멈춰있는 날이 더 많다. 이제 이곳을 찾는 사람은 몇몇 마을 주민에 불과하다. 그래도 그는 흥겹다. 정미소 주인장이기에 누릴 수 있는 즐거움이 있기 때문이다. "언제나 밥맛은 '특' 중에서도 '특'으로 즐길 수 있으니께. 쌀을 바로 도정해서 지어먹는 밥맛이 최고여. 정미소를 하니 가능한 겨."

김희수 씨의 흥의 역사는 일찍이 시작됐다. 고등학교 시절 밴드부에 들어가 트럼펫을 시작으로 향피리를 불었고, 대학에 가서는 풍물패에 들어가 5년간 태평소를 불었다. 이 태평소는 그 유명했던 *국풍81에 들고 나가 연주하던 것이다.

*국풍81-1981년 서울특별시 여의도에서 열렸던 대규모의 문화 축제.

> "90년대 들어서
> 처음으로 내 논을 샀어.
> 너무 좋아서 밤마다 논엘 나갔지.
> 낮에 가면 사람들이 쳐다 보니께.
> 달빛에 비친 벼를
> 이리 쳐다보고 저리 쳐다보고…
> 그해 그 쌀로 밥을 해먹는데…
> 말해 뭐혀."

청년 김희수 씨가 신리에 들어와 정미소 주인장으로, 농군으로 단단한 뿌리를 내리기 까진 많은 곡절이 있었다. 그중에서도 가장 잊지 못할 사건은 물난리였다. "밤에 잠을 자는디 발에 물이 차는 겨. 그래서 이불장에 올라가 웅크리고 잠을 잤지. 아침이 돼서 뒷일을 봐야 하는데 사방이 물 천진 겨. 물 없는데서 일 볼 곳이 정미기 위 뿐이더라고. 그래서 급한 마음에 막 올라갔는데 놀라 죽을 뻔 했어. 기계 위에 뱀들이 줄줄이 달려 있는 겨. 이것들도 살라고 올라온 거지. 어뜩혀 뱀한테 물려 죽을 순 없으니… 그냥 내려와 물속에서 일을 봤지. 그래서 그담부턴 물 끼면 요강부터 챙겼지." 김희수 씨의 얼굴에는 늘 사람 좋은 웃음이 걸려 있다. 땀에 절은 얼굴에도 바람 한 점 지날 때면 웃음이 걸린다. 말 끝엔 언제나 흥의 여운이 달린다. 그런 그가 유독 더 흥에 취할 때가 있다. 바로 색소폰과 함께 할 때이다. 색소폰은 그의 오랜 바람이었다. "운지법 1주일 배우고 와서는 혼자 연습했어. 음악은 즐기면서 혼자 연구 하는 겨. 그래서 나는 색소폰을 불면 행복혀. 흥이 있어야 일할 때도 힘이 들지 않어. 색소폰은 나에게 흥이여." 김희수 씨에게는 잊지 못할 밥 한 그릇의 기억이 있다. 남의 논 품팔이만 하다, 남의 쌀 도정만 하다 처음으로 내 논에서 길러낸 쌀로 밥을 했을 때이다. "90년대 들어서 처음으로 내 논을 샀어. 너무 좋아서 밤마다 논엘 나갔지. 낮에 가면 사람들이 쳐다 보니께. 달빛에 비친 벼를 이리 쳐다보고 저리 쳐다보고… 그해 그 쌀로 밥을 해먹는데… 말해 뭐혀." 흥 많은 그는 술도 즐긴다. 그의 아내는 흥 많은 그를 위해 다양한 안주로 술상을 차려낸다. 그중 김희수 씨가 자랑하는 아내의 손맛은 민물생선찜. 여름이면 그는 마을 진위천에 나가 민물고기를 잡아 올리는데, 이것을 아내가 감칠맛 넘치는 생선찜으로 만들어 낸다. 고추장을 기본으로 갖은 양념을 바지런히 더하는데, 여기에 메주콩까지 넣어 자작하게 조려낸다. 한 입 맛을 보니 절로 막걸리가 생각난다. 그가 애주가가 될 수밖에 없는 맛이다. 시절이 변했고 농촌의 풍경도 달라졌다. 정미소는 그대로인데 사람들은 쌀을 찧으러 오지 않고, 쌀을 많이 먹지도 않는다. 안도현 시인은 사라져가는 정미소를 이렇게 표현했다. "숨 가쁘게 달려왔으나 결국 실패하고 만 늙은 혁명가." 세월은 혁명가도, 정미소도 녹슬고 삐걱거리게 만들었다. 허나 그것들이 지닌 시간의 나이테는 더 촘촘해졌다. 오랜 시간 변함없이 그 자리를 지키는 나무처럼, 나이테 굵은 김희수 씨의 정미소. 남루하고 쇠락했지만 수많은 농부들의 삶과 애환이 고스란히 남아 있는 곳이다. 오늘도 그 정미소엔 그의 숨결이 더해지고, 흥이 더해진다. 술잔을 나누며 마지막으로 물었다. 언제가 가장 행복하세요? "바로 지금이지 뭐."

과거 신리의 진위천은 민물과 바닷물이 만나는 지역이었다. 사철 미꾸라지와 붕어, 숭어, 장어, 곤쟁이 등이 넘쳐났다. 여름이면 마을 사람들은 냇가로 가 천렵을 즐겼고, 이때 잡힌 물고기들은 매운탕과 생선찜으로 밥상 위에 올랐다. 특히 메주콩을 넣어 조린 민물생선찜은 마을 남정네들의 술 도둑이 되곤 했다.

여기가
도깨비터여
밤이 되면
도깨비가 와서
춤추던 자리
그래서
뭐든 하면

잘 되는
자리여

김뉴순 / 1944년 생 / 평택시 오성면 신1리

"어느 해인가,
살림이 알차게 늘었어.
안채에서는
내가 애를 낳고,
마당에서는
개가 새끼를 낳고,
외양간에는
소가 송아지를 낳고,

                                                          돼지우리에서는
돼지 새끼가
13마리나 태어났지."

도깨비 터 안주인의 맛있는 인생

옛 사람들의 입에서 입으로 전해지는 기묘한 땅이 있다. '도깨비 터'라 불리는 땅이다. 어찌하여 도깨비 터가 되었는지는 아무도 모르지만 옛날부터 도깨비 터는 마을마다 한두 곳씩 있었다. 이 터는 도깨비의 장난으로 사람이 오래 살지 못하거나 변이 겹치고, 장사를 하면 쉬 망한다고 전해진다. 허나 기운을 잘 누르는 주인을 만나면 부귀영화를 누릴 수 있는 터로 변하는 곳이 바로 또 이 도깨비 터이기도 하다. 김유순 씨는 바로 이 도깨비 터의 제대로 된 안주인이다. 부드럽고 넉넉한 얼굴에 물결치듯 깊고 길게 뻗은 눈과 오똑한 콧날에 두툼한 입술, 반듯한 이마에 너그러운 귓불까지… 강한 기운과 여유로움을 동시에 품은 그녀는 꽃다운 시절 이 도깨비 터로 시집을 왔다. "스물 네 살 되던 해에 신리로 시집을 왔어. 와서 보니 작은 동산 하나 없이 사방이 탁 트인 이곳이 참 좋더라고. 난 이곳에 와서 모를 처음 심어봤어. 굴이나 새우젓 등 생선 광주리를 머리에 이고 팔러 다니는 장사치들도 처음 봤고." 그녀의 고향은 경기도 안성이다. 사방이 산과 밭으로 둘러싸인 외진 산간지대였다. 스무 해 넘게 거친 밭일만 하다 신리로 시집 온 그녀에게 사방에 논이 펼쳐진 신리의 풍경은 말 그대로 흡족했다. 바라보기만 해도 배가 불렀다. "시집 오기 전에는 꽁보리밥을 정말 많이 먹었어. 논이 없으니 쌀이 귀했지. 신리에 와서야 쌀밥도, 생선도 많이 먹었지. 밥상에 생선구이 하나만 올라와도 행복했어." 김유순 씨의 기억 속 시아버님은 며느리를 아꼈다. 겨울이면 생선 좋아하는 며느리를 위해 동태며 도루묵을 짝으로 사들고 오셨다. 그 생선들을 항아리 가득 소금에 절여 두었다가 겨우내 자글자글 찌개로 끓여 먹거나 아궁이 떼고 나온 불씨를 이용해 석쇠에 구워먹었다. "이 마을에 콩(서리태)밭이 많아. 말린 콩대로 아궁이에 불을 지펴 생선을 많이 구워 먹었지. 그러면 더 고소하고 맛있어. 특히 가마솥에 지은 밥에 고등어 콩대구이는 찰떡궁합이여." 쌀밥의 힘이었을까, 생선의 힘이었을까. 아니면 그녀와 이 도깨비 터의 기운이 맞아서였을까. 시집 온 해부터 그녀는 한시도 쉬지 않고 억척스레 일했고, 알차게 살림을 불렸다. "젊었으니께… 돈 벌려고, 농사지을 땅을 사려고 열심히 일했지. 쌀가마도 치고, 돼지랑 소도 키우고… 서른 넘은 어느 해인가는 살림이 정말 알차게 늘었어. 안채에서는 내가 애를 낳고, 마당에서는 개가 새끼를 낳고, 외양간에는 소가 송아지를 낳고, 돼지우리에서는 돼지 새끼가 13마리나 태어났어." 그녀는 일흔이 넘은 나이에도 여전히 살림을 불리고 있다. 3년 전 이 도깨비터에 작은 식당을 차렸고, 밥과, 찌개, 칼국수 등 소박한 메뉴들로 손맛을 뽐내고 있다. 그녀의 손맛 때문인지 도깨비 터의 기운 때문인지 연일 식당엔 손님들의 발길이 끊이지 않는다.

김유순 씨의 집은 추억의 보물 창고 같다. 100년 된 안채의 마당과 광 안엔 오래된 물건들이 시간의 덮개를 곱게 걸치고 앉아있다. 특히 마당에 세워진 낡은 찬장 속엔 옛 시절, 밥상과 잔칫상에 올랐던 그릇들이 가득하다. 그중 알루미늄 주발은 그녀의 눈물을 쏙 뺀 시집살이의 기억을 품고 있다.

> "옛날부터 솥단지 밥을 아주 잘하기로 유명했어. 그래서 마을 어느 집에 초상이 났다 하면, 누구네 잔치한다 하면 밥을 지어 대주는 게 내 일이었어."

밥을 맛있게 짓기란 쉽지 않다. 쌀을 끓여 수분을 줄이고, 뜸을 들이고 솥 밑바닥의 곡물은 약간 타기까지 해야 가장 맛있는 밥이 된다. 김유순 씨는 밥 짓기, 특히 가마솥 콩밥 짓기의 달인이다. "옛날부터 솥단지 밥을 아주 잘하기로 유명했어. 그래서 마을 어느 집에 초상이 났다 하면, 누구네 잔치한다 하면 밥을 지어 대주는 게 내 일이었어." 그녀의 밥 짓는 비결은 간단하다. 서리태를 불렸다가 가마솥 바닥에 먼저 깔고 그 위에 씻은 쌀을 붓고, 마지막으로 물을 맞춰 넣는 것이다. "그렇게 콩밥을 하면 콩에서 퍼져 나온 향 때문에 밥이 더 구수혀. 특히 콩 섞인 누룽지가 기가 막히게 맛있지." 그녀의 집터엔 채마밭과 과실수가 풍성하다. 와글와글 싱싱하게 자란 배추며, 푸른 줄기를 죽죽 뻗어 올린 무며, 노랗게 말라가는 콩에, 가지, 사과, 감… 이 도깨비 터에서 그녀는 무엇이듯 쑥쑥 키워낸다. "여기가 도깨비 터여. 밤이 되면 도깨비가 와서 춤추던 자리… 그래서 뭐든 하면 잘 되는 자리여." 텃밭의 중심에는 그녀의 오래된 집이 있다. 안채는 100년, 사랑채는 80년의 시간을 품었다. 집 안을 꽉 채운 것들 또한 옛 물건들이다. 시어머니 때부터 쓰던 다양한 농기구와 식기, 지금은 쉬 볼 수 없는 찬장과 소반, 쌀독들이 즐비하다. 이제는 사용하지 않는 것들이 대부분이지만 그녀에겐 그저 옛 물건이 아닌 지난 역사이자 현재의 행복을 배가 시켜주는 보물들이다. "이 독이 쌀 네 가마니가 들어가는 독이여. 이 광에 들어 온지는 한 70년 됐지. 가을에 추수해 독 가득 쌀을 채워두면 그 다음 해 여름까지 먹을 수 있었어. 독이 커서 쌀이 반 이상 줄어들면 사다리에 올라서서 쌀을 퍼냈어. 쌀이 바닥 가까이 내려가면 아예 쌀독으로 들어가서 쌀을 긁어냈지. 바닥에 깔린 쌀은 시커맸어." 이 외에도 집안 곳곳 눈 닿는 곳마다 손 정 붙은 물건들이 가득하다. 그 중 유독 투박한 주발 하나를 찬장에서 꺼내며 옛 이야기를 들춰낸다. "시집 온 해 이 주발들을 깨끗하게 닦으려고 빨래 삶는 물에 넣었는데 색이 까맣게 변하는 겨. 주발이 알루미늄 이었던 거지. 시어머니께 눈물 쏙 빠지게 혼이 났어… 시어머니가 93세까지 사셨는데, 시집살이 말도 못했어. 서러울 때마다 아궁이 불 때며 많이 울었지. 이 불에 시름을 날려 보내기도 하고." 아궁이의 매캐한 연기 맡아가며 지나온 그녀의 세월… 돌아보니 참으로 고단하다. 흙을 일궈 농사를 짓고, 콩을 키워 장을 담그고, 아궁이 불 때 밥을 짓고, 자식 낳아 키워내고… 부지런히 삶을 일구어 온 그녀, 이제는 좀 쉬엄쉬엄 살아도 되지 않을까. "쉴 틈이 어딨어. 낼은 콩 털어야 하고, 콩 삶아 메주도 띄워야 하고, 김장도 해야 하고, 논밭에 할 일이 천지여… 이젠 좀 편하게 지내도 되는 거 아는데… 억척스러운 성미는 어쩔 수 없나벼."

콩이 많이 자라는 신리에서는 늦가을 콩을 털고 나면 콩대가 유용한 연료로 사용됐다. 탁탁 소리를 내면 구수한 냄새까지 풍기는 콩대 불에 가마솥 밥을 짓고, 그 숯에 찬을 익혔다. 김유순 씨는 예나 지금이나 구수한 향이 베이도록 구운 콩대생선구이를 가장 좋아한다. 콩대 숯 위에서 은근하게 익어가는 고등어는 그냥 먹어도, 밥과 함께 먹어도 꿀맛이다.

흙은
거짓말 안 혀
노력한 만큼
되돌려 주니께
그래서
흙과 싸워
이겨내려고

노력하고
또 노력해야 혀

박판성 / 1952년 생 / 평택시 오성면 신3리

"농사는
한 번에
끝나는 일이 없어,
끝나도 끝난 게 아니고…
그래서
느긋하면서도
부지런해야 해.

오늘 못 하면
내일 또 한다는
마음으로…"

농 사 가
희 망 이 다
쌀 이
희 망 이 다

벼가 그렇듯, 사람의 인생은 흙과 함께 살다 흙으로 돌아간다. 흙으로 집을 짓고, 흙길을 밟으며 일하고, 흙에서 난 것들을 먹으며 살아간다. 부지런히 흙을 일궈 자식들을 키운 후엔 다시 흙에 묻힌다. 낮은 곳에서 땅 위의 모든 것을 섬기고 묵묵히 키워내는 것이 바로 흙이다. 신3리에는 흙냄새 나는 삶을 살아온 이가 있다. 오랜 세월 변하지 않는 순정으로 흙을 일궈 농사를 지어온 박판성 씨다. 그에게 흙은 고향이자, 일터이며, 희망이고, 인생이다. "흙은 거짓말 안 혀. 노력한 만큼 되돌려 주니께. 그래서 흙과 싸워 이겨내려고 노력하고 또 노력해야 혀." 흙은 햇볕 아래 흘린 땀방울만큼 정직한 결과를 보여준다. 직접 밭을 갈고 씨를 뿌려 자신이 먹을 음식을 키우는 농부의 삶은, 그래서 흙에 대한 믿음에서부터 시작된다고도 할 수 있다. "작정하고 농부가 된 게 아녀. 농촌에서 태어나, 어릴 때부터 보고 자란 게 농사니 뭐… 천직인지는 모르겠는데, 천성에 맞어. 그러니 이 긴 세월 흙에 기대어 살았지." 어려서부터 부모님을 도와 농사일을 했기에 다른 꿈은 전혀 생각지도 않았다. 자연스레 '농부'라는 두 글자가 가슴 깊이 자리 잡았고, 스물넷에 본격 농부의 길에 들어섰다. 농부가 된 후엔 흙과 끊임없이 싸워 나갔다. 논이고 밭이고, 농부의 손이 닿아야만 옥토로 변하기 때문이다. "맨 흙과 싸울 일이지. 돌 거둬내야지, 잡초 뽑아야지, 흙 부셔내야지, 공기 잘 통하라고 땅 엎어야지… 그렇게 평생을 흙과 싸우며 사는 겨." 가을 수확이 끝나면 농부들은 곧바로 땅을 뒤엎는다. 땅이 숨을 쉬고 물을 품도록 하기 위함이다. 그래야만 다음 해 봄 농사까지 흙이 부드러워진다. "농사를 짓자면 치열하게 싸우기도 하지만 기다리고 지켜보는 것이 더 좋을 때도 있어. 어떨 때는 그냥 놔 버리는 게 더 나을 때도 있고. 그래서 성급하면 안 되는 겨. 나도 성격은 급한데 그래도 때를 기다릴 줄은 알어." 박판성 씨는 '부지런함'은 농부가 가져야할 최고 덕목이기는 하지만 때론 부지런함을 밀어두고 여유를 가지고 기다림을 배워야 할 때도 있다 말한다. "농사일은 한 번에 끝나는 일이 없어. 끝나도 끝난 게 아니고. 그래서 느긋하면서도 부지런해야 혀. 오늘 못 하면 내일 또 한다는 마음으로… 느긋하게 일을 받아 들여야 혀. 농부 스스로가 계속 일을 만들어야 하기도 하고… 농사는 딱 떨어지는 일이 아니여." 요즘 그의 가장 큰 고민은 쌀이다. 농군에겐 농사가 희망이고, 쌀이 희망인데 사람들의 쌀 소비가 줄면서 쌀의 위치가 너무 낮아졌기 때문이다. "농사를 지어야 땅이 살고, 쌀을 먹어야 농부가 사는데 사람들이 점점 쌀을 먹지 않잖어. 농촌에서부터도 아침으로 밥 대신, 우유나 빵을 먹으니… 이젠 쌀을 어떻게 2차 가공 산업으로 발전시킬지를 고민해야 혀. 그래야 농업과 농부의 희망이 보여."

박판성 씨의 집에서 가장 오래된 물건인 제기와 왕골 돗자리는 부모님이 남기신 유품이다. 왕골 돗자리는 부모님이 기른 왕골로 직접 짠 것이다. 제기는 어머니 대부터 쓰던 것을 옻칠을 다시 해 지금도 부모님 제사상에 올리고 있다.

> "제사가 있는 날이면
> 그 집 대문 앞에 멍석이 깔리고
> 천막이 쳐졌어.
> 마을 사람들은
> 이 천막에 모여서
> 제사가 끝나길 기다렸지.
> 제사가 끝나면
> 인심 좋게 음식을 차려 내왔지…
> 지금도 기억나.
> 여름날 모기 뜯겨 가면서
> 먹던 제사 음식이…
> 참 맛있었어."

맛에 대한 기억은 유독 견고하다. 단순히 맛에 대한 느낌이 아닌 추억의 산물이기 때문이다. 그래서 가장 따뜻하고 행복했던 순간의 맛은 기억 속에 오래오래 숨어있다 삶의 어느 순간 문득 되살아나 오늘을 사는 힘이 되기도, 즐거움이 되기도, 사무치는 그리움이 되기도 한다. 박판성 씨의 행복했던 맛의 기억들은 유년 시절에 만들어 졌다. "내 어린 시절엔 이 동네가 다 흙길이었어. 옛날 갯물 드나들 시절엔 마을 웅덩이에 물이 가득 찼지. 그 흙탕물에서 수영도 하고 참게도 많이 잡았어. 참게를 잡아 집에 가져가면 어머님이 찌개를 끓여 주셨지. 참 맛났어. 어머님 손맛이 좋으셨거든." 어린 시절 동네 친구들과 마을 제사상 찾아다니며 먹던 재미난 기억도 남아있다. "옛날엔 동네에 제사가 있는 날이면 마을 사람들이 모두 알고 그 집에 모여들었어. 그래서 제사 지내는 집 대문 앞엔 저녁이면 멍석이 깔리고 천막이 쳐졌지. 마을 사람들은 이 천막에 모여서 제사가 끝나길 기다렸어. 제사가 끝나면 주인장은 인심 좋게 음식을 차려 내왔지… 참 맛있었어. 지금도 기억나… 여름날 모기 뜯겨 가면서 먹던 제사 음식이… 그날은 애나 어른이나 모두 즐겁게 배가 불렀지." 여러 맛의 추억들을 품은 그이지만 그 중에서도 옛 시절로 돌아가 꼭 다시 한 번 맛보고 싶은 음식은 딱 한 가지뿐이다. 매년 추수가 끝난 후 어머님이 빚어 나누어 먹던 '호박시루떡'이다. "옛날엔 추수가 끝나면 집집마다 '가을떡'을 해서 이웃들에게 돌렸어. 우리 집에서는 가을떡으로 말린 호박과 팥을 켜켜이 쌓아서 시루떡을 빚었는데 그게 정말 맛있었어. 가끔 어머님 떡 맛이 생각나서 사먹는데 옛날의 그 고소하고 담백한 맛이 안 나. 단맛만 돌지… 아쉬워…" 박판성 씨가 사는 집은 겉과 속이 확연히 다르다. 외관은 부모님 대에 지어진 구옥이지만 여러 번의 수리로 터만 그대로일 뿐 내부는 모두 신식으로 바뀌었다. "집을 자꾸 수리하다보니까 안타깝게도 자꾸 물건이 빠져 나가. 부모님이 물려주신 물건 중 남은 건 이 왕골 돗자리하고 제기밖에 없어. 특히 이 돗자리는 부모님이 직접 키운 왕골로 손수 만드신 거여. 제기는 어머님이 쓰시던 건데 옻칠을 다시 해서 지금도 제사에 쓰고 있고. 부모님이 살던 집터와 농사지을 땅, 그리고 제사 올릴 제기와 돗자리가 부모님 유산이여." 박판성 씨에겐 소박한 바람이 하나 있다. 자신의 힘이 닿는 데 까지 농사를 짓는 것이다. 더불어 부모님이 물려주신 땅과 집을 지키는 것이다. 그에겐 딸이 넷 있지만 모두 외지에 나가 살고 있다. 고향을 지키는 것은 그와 아내뿐이다. "농사의 대가 끊긴다 해도 어쩔 수 없지. 그래도 앞일은 모르는 거니께. 자식들이 농사를 짓겠다고 하면 말릴 생각은 없는데, 강요할 생각도 없어… 농사는 힘들잖어."

박판성 씨 집에서 '가을떡'으로 해먹던 호박시루떡이다. 가을떡은 추수를 마친 후 햅쌀로 떡을 해 고마운 이웃과 나누어 먹던 세시풍속이다. 더불어 무사히 농사를 짓게 도와 준 집안의 가신들을 위해 치성을 올리기 위함이었다. 당시 농촌에서는 이렇게 떡을 해서 치성을 올려야 집안이 무고하고 이듬해에도 농사를 잘 지을 수 있다고 믿었다.

방이 없어서
아궁이 앞에서
짚을 깔고
애를 낳았어
그래서
첫 애 이름을
'복례'라
불렀지

부엌에서
낳았다고

"지하수를 파면
짠물이 나오니.
물을 길어다 먹었지.
그 물도 흙물이라
물독에다 가라앉혀 먹었지.
그 물을
개구리도 먹고
사람도 먹었어.
그땐
빗물도 많이 받아
받아먹었는데,

                                                                  빗물이
                                                             제일 맛있었어."

사람은 집을 닮고 집은 사람을 닮고

세월을 품은 시골집은 특유의 정서를 불러일으킨다. 대문 앞에 서면 두런두런 모여 들던 할머니의 구수한 이야기 소리가 들리는 듯 하고, 사랑방에 들어서면 할아버지 곰방대에서 피어나던 독한 담배 향이 떠오른다. 동네에 잔치라도 벌어지면 열일 제쳐두고 쫓아가 같이 즐기던… 그 시절의 추억을 고스란히 품은 집. 양성모 씨는 그런 오래된 집의 주인이다. "이 집에 뭐 볼 거 있다고… 암 것도 없어… 찍을 것도 없고." 그녀가 대문을 열며 건넨 수줍은 첫마디다. 그녀의 집은 평택의 전형적인 옛 가옥의 모습을 품고 있다. 서해에서 불어오는 바람을 막기 위한 'ㅁ'자형 방풍가옥으로, 마당을 중심으로 창고, 우사, 사랑채, 부엌, 안채가 모두 연결되어 있다. 대문 밖 사랑방 옆에는 옛날 거름으로 쓰기 위해 모으던 오줌통 자리도 남아 있다. 마당 언저리에 서서 가만히 집 안을 살피니 육칠십 년은 족히 되었음직한 곱게 나이든 집이다. "우리 큰딸이 태어나던 해에 지었으니께… 67년 됐지. 집 짓던 해에 일이 참 많았어. 그해 시어머니가 돌아가셨고 홀로 상을 치렀지. 또 혼자 첫 애를 낳았어. 그때 남편은 군대에 있었으니께. 또 집을 지을 때라 방이 없었어. 어쩔 수 없이 아궁이 앞에서 짚을 깔고 애를 낳았어. 그래서 첫 애를 '복례'라고 불렀지… 부엌에서 낳았다고." 당시 그녀는 임신한 몸으로 뙤약볕에 나가 모를 심었고, 심지어 아이를 낳고서도 바로 밭에 나가 호미질을 했다. 물 지게질은 사철 어깨에 멍이 들도록 했다. "지하수를 파면 짠물이 나오는 동네니 웅덩이에서 물을 길어다 먹었지. 그 물도 흙물이라 물독에다 가라앉혀 먹었어. 그 물을 개구리도 먹고, 뱀도 먹고, 사람도 먹었어. 그땐 빗물도 많이 받아먹었는데, 빗물이 제일 맛있었어." 물이 귀한 동네의 여자들에게 물 지게질은 숙명이었다. 신리의 여인들은 너나 할 것 없이 다들 징글징글하게 지게질을 했다. 물을 긷고, 거름도 옮기고, 농번기에는 참도 날랐다. "한번은 새참으로 국을 물지게에 지고 나가다 지게 끈이 풀려서 발에 뜨건 국이 쏟아졌어. 놀라서 눈물로 바로 뛰어 들어갔지. 다 붉히고… 한참을 고생했어. 물지게는 생각만 해도 징글징글해. 그래서 난 일찍 내다 버렸어. 꼴 보기 싫어서." 집을 보면 집주인이 어떤 사람인지 알 수 있다. 집은 집주인의 삶을 담는 그릇이기 때문이다. 안으로 들어서니 집은 더 간결하고 소박하다. 오래되긴 했으나 남루하지 않고, 시간의 무게를 안은 채 우아하게 그녀의 일부가 되어 있다. 헌데 고단했던 시절의 흔적을 지우려 했던 것일까. 집 안에 오래된 물건들이 쉬 보이지 않는다. "오래된 추억의 물건 같은 게 어딨어. 옛날엔 뭘 사지를 못했어. 차편이 없으니 뭘 사들일 수가 있어야지. 그나마 있던 살림들도 식구들 나가면서 다 빠지고, 치우고, 버리고…"

손때 반질반질한 이 지팡이는 양정모 씨 일상의 동반자이다. 먼저 세상을 떠난 할아버지가 살아생전 만들어 주신 것으로, 다리 불편한 그녀에게는 이 보다 더 좋은 마실 동무가 없다. 이 지팡이를 볼 때 마다 할아버지가 떠오른다는 그녀는 여전히 새색시처럼 할아버지를 그리워한다.

"할아버지가
8남매 중 장남이었어.
이 집에서 시동생들 키워서
다 시집 장가보냈지.
집도 사주고…
그만큼 옛날에는
쌀값이 좋았어.
그리고
내가 또 5남매 낳아서
다 시집 장가보내고.
이 집이 대견해."

양정모 씨는 신리에서 나고 자란 신리 토박이다. 스물세 살, 한 동네에 살던 할아버지를 중매로 만나 혼례를 올렸고, 할아버지가 세상을 뜨기 전까지 금실 좋은 부부로 살았다. "사이가 좋았어. 우리 할아버지가 밖에 일보러 나갔다가도, 장에 나갔다가도 끼니는 꼭 집에 와서 드셨어. 나 혼자 밥 먹을까봐… 영감이 착했지." 이 오래된 집에서 가장 좋았던 기억 속에도 할아버지가 있다. "30여 년 전에 이집 마당에서 할아버지 환갑잔치를 했어. 사흘 동안 병풍 펼쳐놓고, 음식 걸게 차려놓고, 동네 사람들 죄다 불러다 같이 먹으며 잔치를 했어… 가수까지 불렀지. 그때 참 행복했어." 지금은 창고가 되어버린 대문 옆 사랑방에도 할아버지와의 추억이 깃들어 있다. 할아버지 살아생전 이 집 사랑방은 말 그대로 동네 영감들의 사랑방이었다. "영감님들이 모여 계시면 사랑방에 간식으로 엿밥을 많이 올렸지. 엿밥이 뭐냐고? 엿을 고고 남은 찌꺼기여. 달달한 엿밥을 매콤한 열무김치랑 먹으면 맛있었어. 술상도 많이 차려줬지. 안주? 김치랑 짠지지 뭐. 가끔 생새우찌개도 하고. 그냥 생새우에다 무 넣어서 끓인 찌개여. 옛날에 조미료가 어딨고, 메루치가 어딨어. 그냥 고추장 넣고 다글다글 끓여 먹었지. 우리 할아버지랑 아들이 가장 좋아했어." 그녀가 기거하는 안채 문 옆에 손때가 반질반질한 맵시 좋은 지팡이가 놓여 있다. 할아버님이 살아생전에 만들어 주신 지팡이로, 다리가 불편한 할머님의 30년 지기 친구다. "이게 우리 집서 가장 오래된 물건이여. 내가 무릎이 안 좋아… 이게 있어 마실 갈 때마다 의지가 많이 되지. 또 만질 때마다 할아버지 생각도 나고." 그녀의 집은 이제 젊지 않다. 서까래는 낡았고, 문은 삐걱인다. 지붕과 기둥도 곳곳이 조금씩 어긋나 있다. 창고에는 세월의 흔적이 묻어있는 잡동사니가 한 가득이다. 그래도 그녀에겐 보물 같은 집이다. "할아버지가 8남매 중 장남이셨어. 이 집에서 시동생들 키워서 다 시집 장가보냈지. 집도 사주고… 그만큼 옛날에는 쌀값이 좋았어. 그리고 내가 또 이 집서 5남매를 낳아서 다 시집 장가보냈고. 그러고 보믄 이 집이 참 대견해." 그녀의 이야기를 들으며 안채에서 내다 본 지붕선이 멋스럽다. 볕 좋은 날에는 고실고실한 바람이 마당에 맴돌고, 비 오는 날이면 지붕 물받이에서 떨어지는 빗방울소리가, 여름이면 풀벌레 소리가 마당 가득 들릴 것이다. 낡고 오래되었기에 더 아름다운 집이다. 이 집은 그녀에게 날마다 '선물'이다. 그리고 그 집을 닮은 그녀 또한 이 집에겐 최고의 선물이 아닐 수 없다. 가족들이 언제든 다시 돌아올 수 있는, 삶의 흔적이 겹겹이 쌓인 이 집은 그녀가 있기에 곱게 늙어 갈 수 있으니 말이다. 선물 같은 그녀가 정말 선물을 준비했다. "생새우찌개랑 밥 해놨어, 밥 먹고 가."

바다가 가까운 신리에서는 옛날부터 생새우찌개를 많이 끓여 먹었다. 생새우찌개는 육수에 무를 나박나박 썰어 넣어 한 소금 끓인 뒤 생새우를 넣고 고추장 등 양념을 더해 다글다글 끓여주면 완성된다. 양정모 씨의 아들은 어머님이 해주시던 찌개 중 이 생새우찌개를 최고로 친다.

마누라 없인 살아도 장화 없인 못 살아

전홍식 / 1937년 생 / 평택시 오성면 신4리.   김종섭 / 1939년 생 / 평택시 오성면 신4리

"술은 안 가렸지,
막걸리 있으면
막걸리 먹고,
소주 있으면
소주 먹고…
또 안주가 있으면
술 생각이 나고…
술이 있으면
친구가 생각나고…

그려서 또
같이 마시고."

지난 시절 농사는 다 낫으로 했다 해도 과언이 아니다. 퇴비를 하거나 꼴을 베는 것도 낫, 벼를 베는 것도 낫, 불을 지필 나무를 할 때도 낫이 필요했다. 예전 신리 사나이들 손에서 떨어지지 않았던 것이 이 낫이다. 김종섭 씨의 마당 수돗가엔 여전히 이 낫과 숫돌이 있다. 하지만 이제 소용을 다한 낫의 날은 무디어 졌고, 쇠보다 단단했던 숫돌은 닳아 깨어졌다.

우정의 오작교는 술 술 술

살다보면 유독 마음을 붙드는 인연이 있다. 어딘가 모르게 나와 닮아 있고 감춰둔 내 속내를 말하지 않아도 먼저 알아주는 존재, 바로 '단짝'이다. 녹록치 않은 삶 속 단짝의 존재는 말없이 힘이 되고, 위로가 되는… 품 넓은 고목의 그루터기와 같다. 신4리에는 서로에게 그런 존재가 되어주는 단짝 노신사들이 있다. 전홍식 씨와 김종섭 씨가 그 주인공이다. 두 사람 단짝의 역사는 김종섭 씨가 신리로 이사를 오면서 시작됐다. "그러니께… 내가 군대를 제대하고 경기도 화성시 향남면에서 신리로 이사를 왔어. 이곳에 외가가 있었거든. 처음 와서는 방앗간을 했지. 농사도 짓고." "이 사람이 바로 우리 옆집으로 이사를 왔어. 나이는 나보다 두 살 어린데 사람이 좋아 보이더라고… 또 오다가다 술을 마셔보니께 나랑 죽이 잘 맞고." 견우와 직녀의 운명적 만남에 오작교가 있었듯 두 사람 우정의 최대 오작교는 바로 술이었다. 엎어지면 코 닿을 곳에 살며, 오며가며 술잔을 부딪쳤고, 비운 술잔만큼 주정(酒情)이 쌓이면서 진득한 마음도 나누게 됐다. 이제는 눈빛만 봐도 서로 원하는 게 무언지 척척 통한다. "지금은 시원찮고 옛날엔 둘이 술 참 많이 했지. 25도짜리 소주를 일곱 병씩 먹었어." "술은 안 가렸지. 막걸리 있으면 막걸리 먹고, 소주 있으면 소주 먹고… 또 안주가 있으면 술 생각이 나고… 술이 있으면 친구가 생각나고… 그래서 또 같이 마시고." "우리 젊은 날 먹던 안주가 뭐냐고? 맨 짠지지 뭐. 그때는 달고 쓴 게 없었어. 먹을 게 없었으니께. '맛이 있다, 없다' 그런 건 생각도 못하고 살았어. 뭐든 있으면 그냥 먹었지. 먹을 게 있는 게 어디여." 두 사람의 술 탐 우정은 장소와 시간을 가리지 않았다. 일하던 논과 밭에서는 새참으로 막걸리를 마셨고, 집 앞 술도매상에선 시시때때로 술을 받아왔다. 어느 날엔 동네 초상집이, 또 어느 날엔 잔칫집이 그들의 술상이었다. 옆 마을 숙성리엔 단골 술집이 여럿 있었고, 집에선 밀주도 빚어 먹었다. 해방 전 밀주 조사자들에 의해 술을 뺏기는 날이면 서러워 술잔을 더 여러 잔 비웠다. "그래도 몰래 많이 담가 먹었어. 우리 마나님들이 술을 잘 담갔거든. 80년대 들어서는 쌀이 남아 도니께… 그때부턴 원 없이 막걸리를 담가 먹었지. 그때 막걸리를 얼마나 많이 먹었느냐면 80kg짜리 쌀 세 가마니로 막걸리를 담가도 한 달 반이 못 갔어." 두 어르신이 예부터 지금까지 술안주로 가장 즐겨 먹던 안주는 소 껍데기다. 지금도 가끔 그 맛이 그리워 소 껍데기를 사다 무침을 만들어 먹는다. "옛날엔 동네에 껍데기 안주를 파는 술집이 있었어. 소 껍데기도 팔고, 돼지 껍데기도 팔았지. 근디 맛은 돼지보다 소 껍데기가 훨 나았지. 소 껍데기는 구우면 쫄깃해. 삶아서 고추 갈아 넣고, 설탕 넣고, 무치믄 부들부들하고. 지금 먹어도 맛있어."

없이 살던 시절 고기를 쉬 먹을 수 없던 농민들은 고기 대신 껍데기를 먹었다. 신리 사람들은 특히 소 껍데기를 술안주로 즐겼다. 소의 껍질을 끓는 물에 푹 삶아 불판에 구워서 쫄깃하게 즐기거나, 식힌 껍질을 채 썬 후 고춧가루 양념에 갖은 채소를 넣어 부드럽게 무쳐 먹었다.

전홍식 씨와 김종섭 씨가 술잔을 나누며 친구가 됐던 젊은 시절, 오성들에 형성된 신리의 풍경은 지금과 사뭇 달랐다. 오성들이 간척되기 전이라 툭하면 물난리가 났고, 물이 다스려지지 않아 제대로 된 길도, 이동수단도 없었다. 무엇보다 갯고랑이 많아 배로 물길을 건너야만 했다. 우마차도 없던 시절, 두 사람을 비롯한 마을 사람들은 지게로 흙과 돌을 날라 제방을 쌓고 바닷물을 가뒀다. 신리에 길이 놓이고 버스가 다니기 시작한 것은 70년대 중반이 지나서이다. "나 막 이사 왔을 땐 이 마을 엉망이었지 뭐. 길은 온통 흙길에 자갈밭이었어." "이사 와서 물 끼는 거 봤나?" "봤지. 소 떠내려 갈까봐 버드나무에 소를 매났던 것도 봤어." "웅덩이 물은 먹어봤나?" "먹어봤지. 웅덩이 물 퍼다 밥하는 게 참 거시기 했지." 옛 시절 이야기에 두 사람이 앞서거니 뒤서거니 흥겹게 이야기를 주고받는다. 친구와 함께하니 사소한 일상도 흥이 나고 윤기가 돈다. 이 두 사람은 동네의 영웅이기도 하다. 영화 속 주인공처럼 세상을 구하지는 않았지만, 지금의 신리가 있기까지 마을의 풍요를 이루게 한 밑거름에 청춘의 땀방울을 바쳤기 때문이다. "옛날엔 다 손으로 했어. 우마차도 없었어. 지게에다, 소 장등어리(길마)에다 짐 실어 날라 제방을 쌓고, 농사를 지었어." "재료가 없으니께 진위천 바닥의 흙을 파서 둑을 쌓았지. 물 가둘라고… 하이튼 얼음만 녹으면 그 일을 했어. 그게 제일 힘들었지. 그렇게 일하고는 품삯으로 담배 몇 가지를 받았어. 그땐 그 담배가 돈 구실을 했지. 담배로 밥도 사 먹고 술도 사 먹었어." "그 시절엔 정말 징하게 물이 터졌지. 우린 물 터지면 장화부터 챙겼어. 여기 흙이 갯벌 흙이라 엄청 미끄러워. 장화 없인 못 걸어 댕겼어. 그래서 이 동네에 이런 말이 있어. '마누라 없인 살아도 장화 없인 못 산다'고." "버스 댕기는 길도 이 지역 사람이 다 저기해서 맨든 겨. 길 맨들 때만 해도 좀 나았어. 덤프차가 있어서 돌 실어다 막 깔았거든. 그때도 레미콘은 없었어, 콘크리트 비비는 기계가 있었지… 그렇게 길이 생기니께 70년대에 버스도 들어왔지. 지금은 진짜 살기 좋아진 겨." 눈부시게 빛나던 청춘의 시기, 두 사람은 강바닥의 흙을 퍼 물을 막고, 맨손으로 길을 닦고, 가장의 무게를 짊어진 채 농사를 지어 자식들을 키웠다. 그 세월 속에 지금의 벗이 없었다면, 한 잔의 술이 없었다면 지난 시간을 견뎌 내기가 더 힘들었을지 모른다. 황혼에 접어든 노신사가 되기까지 늘 그 자리에 있어준 두 사람. 어느새 히끗해진 머리칼을 마주보면서도 여전히 술 한 잔 하자는 소리에 빙긋이 웃어준다. "이 동네 이사 와서 가장 좋았던 거? 사람들이 착혀. 싸움을 안하니께… 성질들 나쁘면 다들 싸우잖여. 여긴 다 친혀, 이사 왔을 때 텃세도 없었고. 그리고… 이 친구가 젤로 좋지 뭐."

"진위천 바닥의 흙을 파서
둑을 쌓았지.
물 가둘라고…
하이튼 얼음만 녹으면
그 일을 했어.
그게 제일 힘들었지.
그렇게 일하고는 품삯으로
담배 몇 가지를 줬어.
그땐 담배가 돈 구실을 했어.
담배로 밥도 사 먹고
술도 사 먹었어."

옛날엔
뭐 만날
땅 파고,
가마 짜고

일만
했지
뭐

한강회 / 1920년 생 / 평택시 오성면 신2리

"외정 때부터
해방 때까지
가마를 짰지
쌀가마도 짜고,
소금가마도 짜고,
일본 군인
방호벽도 하고…
눈을 뜨면 온종일

벗짚과
씨름했어."

온 몸 으 로 겪 어 낸 격 동 의 근 현 대 사

우리 민족의 가장 아픈 시대였던 일제 강점기에 태어났다. 벅찬 해방의 순간을 맞이하기도 했지만 비극적인 한국 전쟁의 참상을 총을 들고 온몸으로 마주했다. 전쟁이 끝난 후엔 끼니와의 전쟁이 시작됐고, 배곯으며 보릿고개를 넘었다. 이후엔 땅 파고 가마 짜며, 가난한 농군으로 산업의 격동기를 겪어냈다. 신2리에서 만난 한강화 씨의 인생 이야기다. 그는 대한민국 근현대사를 고스란히 살아낸, 이 시대의 산증인이나 다름없다. "난 이 마을서 태어나서 군대 시절 빼고는 고향을 떠난 적이 한 번도 없어. 스물네 살에 군대를 가서 스물여덟 살에 제대를 했지. 그땐 차가 없으니께 입대도 걸어가서 했어. 마을에서부터 마산까지 마을 형들이랑 몇날 며칠을 걸어갔지. 잠도 못자고 걸어가는데 엄청 힘이 들었지. 걸어가다 밤이 되면 길가에서 가마떼기를 덮고 자고 그랬어." 그는 전쟁이 한창이던 1951년 4월 26일에 군에 입대 했다. 마산 진해 포병학교에서 2주간 교육을 받고는 바로 전방 6사단으로 배치됐다. 당시 6사단은 한국군 중 거의 유일하게 기습 남침한 북한군을 전술적으로 차단한 포병 부대로 유명하다. "한국 전쟁 당시 분대장을 했어. 분대를 지휘하며 압록강까지 올라갔다가 중공군이 내려와서 다시 화천으로 밀려왔지. 잠시 휴전이 있었는데, 휴전 막바지에 그 유명한 백마고지 전투가 터졌지. 그때 사람 죽는 거 많이 봤어." 언제 깨어날지 모르는 악몽의 연속이었다. "낮엔 포탄 소리에 늘 귀가 먹먹했어, 밤이면 이에 시달렸고, 온몸에 약을 뿌리고야 겨우 잠들었지. 그리고 전방에 있으니 늘 무서웠지…" 이 땅에 새겨진 전쟁의 상처를 온몸으로 마주해서 일까. 한강화 씨는 아흔이 넘은 나이에도 온몸으로 맞이한 전쟁의 기억은 선명하게 뇌리에 남아있다. 또한 전쟁의 상흔 때문인지 그는 일찍 가는귀가 먹었다. 말은 잘 하지만 쉬 알아듣지를 못한다. 귀가 어두운 그를 대신해 아내인 장숙자 씨가 옆에 앉아 반쯤은 통역을 해준다. 이상하리만큼 아내의 말만 찰떡같이 알아듣는 한강화 씨다. 그는 군대 생활 중이던 스물다섯에 휴가를 나와 지금의 아내와 혼례를 올렸다. "결혼하고 일주일 만에 다시 군대에 갔어. 그땐 다 그랬어… 군대에선 내내 마누라 생각만 했지 뭐. 걱정도 되고." 다시 돌아간 군 생활은 사선을 넘나들었다. 떨리는 손으로 총을 잡았고, 포탄을 맞아 죽을 고비를 넘기기도 했다. 할 수 있는 건 밤하늘의 별 속에 가족을 그리며 하루하루를 버티는 것 뿐이었다. 그저 집에 돌아갈 날만을 기다렸다. "스물여덟 살에 군에서 포탄 사고가 났어. 죽을 뻔 했지. 대구 276병원으로 옮겨져 치료를 받고 제대를 했어. 죽지 않았으니 여태 사는 겨." 고향으로 돌아온 그에게 남은 건 제대증과 처자식을 먹여 살려야 할 가장의 무게뿐이었다.

그녀는 지금도 시간이 날 때면 나일론 줄과 짚풀로 일상용품들을 뚝딱 만들어 낸다.

한강화 씨의 대문 앞 창고엔 그와 그의 아내가 엮은 볏짚 용품들이 한 가득이다. 맷방석과 소쿠리, 망태기, 멍석 등. 사진 속 맷방석은 아내 장숙자 씨가 소일 삼아 엮은 것이다. 남편 못지않게 손 맵시 좋은 그녀는 지금도 시간이 날 때면 나일론 줄과 짚풀로 일상용품들을 뚝딱 만들어 낸다.

> "예전엔 짚을 쌀 다음으로 애꼈어. 겨우내 소여물도 줘야 하고, 가마니도 짜야 하니께. 흉년 들어 짚이 없으믄 아무것도 못했제."

군 제대 후 그의 삶을 가능하게 한건 '볏짚'이었다. 과거 볏짚은 농촌의 일상이었다. 볏짚 위에서 태어나 볏짚 사이에서 일하고, 볏짚 아래 잠들며 볏짚 위에서 끼니를 이었다. 볏짚으로 멍석과 가마니를 짜고, 맷방석과 소쿠리도 만들고 짚신도 삼았다. "볏짚으로 식구들 먹여 살렸어. 가마니 뿐 아니라 차반도 짜고 멍석도 짜고… 할 수 있는 건 뭐든 만들어 팔았어." 손재주가 좋았던 그의 손에는 늘 지푸라기가 잡혀 있었고, 볏짚으로 만들지 못할 것은 없었다. "외정 때부터 해방 때까지 가마니를 제일 많이 짰지, 쌀가마도 짜고, 소금가마도 짜고, 일본 군인 방호벽도 짜고… 눈을 뜨면 온종일 볏짚과 씨름했어." 이제 볏짚을 보면 치가 떨릴 만도 한데, 그래도 고맙단다. 고된 인생 견디게 해준, 배곯지 않게 해준 것이 볏짚이기 때문이다. "볏짚도 가져다가 바로 만드는 게 아녀. 먼저 짚을 추려서 다발 다발 묶어서 세워놓고는 물을 줘. 짚이 물에 적당히 불면 팡팡 두들겨. 그래야 부드러워지니께. 그래야 또 잘 안 부서지니께. 뭐이가 제일 힘들었냐고? 새끼줄 꼬는 지. 손바닥이 다 붉혀. 그려서 옛날엔 손바닥이 돌뎅이 같았어." 여전히 굳은살이 박힌 거친 그의 손바닥을 보니 지난 시절 새끼를 꼬고, 가마니를 짜던 모습이 눈에 선하다. "예전엔 짚을 쌀 다음으로 애꼈어. 겨우내 소여물도 줘야 하고, 가마니도 짜야 하니께. 흉년 들어 짚이 없으믄 아무것도 못했제." 마을에서 평택장까지는 20리였다. 젊은 시절 힘이 장사였던 그는 지게에 가마니를 스무 장씩 지고 장터까지 걸어갔다. 장에서 돌아오는 길, 볏짚은 쌀이 되고 고기가 됐다. 손에서 볏짚을 놓는 날엔 나무를 집어야 했다. 야트막한 동산 하나 없는 신리에서는 땔감을 구할 수 없어 숙성리까지 지게를 지고가 나무를 해왔다. "이 마을엔 낭구(나무)가 없어서. 옆 마을서 몰래 캐다가 살았어. 솔방울도 몰래 숨겨 오고. 걸리면 된통 당하는 거…" 그가 사는 신2리는 예나 지금이나 마을 잔치가 많다. 잔칫날이면 그의 손엔 꽹과리와 북이 들렸다. "젊은 날에 꽹과리도 치고 북잽이도 했어. 지금도 집에 북하고 징이 있어. 옛날에 같이 농악을 하던 이들은 무형문화제가 됐어… 난 돈 벌어야 했으니께…" 그 시절의 마을 잔치 음식 또한 소박했다. "잔치가 잡히면 집집마다 식혜를 담가 동이채 머리에 이고 나왔지. 콩나물무침이랑 제물국수, 짠지, 식혜만 있으면 잔치였어. 그리고 사람들이 좋았으니께. 없이 살아도 같이 모여 잔치 하면 좋았어." 그는 들을 끼고 사는 사람들은 유독 성정이 더 너그럽고 여유롭다 말한다. 이제는 나무 하나 없던 이 동네가 나무 많던 마을보다 더 부자라 자랑한다. "산보다 논이 넓은 마을이 존거유… 이젠 다들 무시 못 할 만큼 사니께. 글고 들에 사는 사람들이 순하고 착해."

과거 신리의 잔치 풍경은 소박했다. 잔치 음식에 고기 하나, 떡 하나가 없었다. 집집에서 내온 콩나물무침과 짠지, 식혜에 솥 가득 끓여낸 제물국수가 잔치 음식의 전부였다.

벼
베는 게
농사꾼은
제일
힘들어
콤바인이
벼를
베 주는데
진짜
신기하더라고

마법
같었어

김희중 / 1962년 생 / 평택시 오성면 신1리

"농사가
해마다 잘 되면 좋지.
근데 농사 잘 짓고
못 짓고는
사람 맘대로
안되는 겨.
하늘이 반은
도와줘야 혀…

그게 농사여."

신리에서 농부로 사는 즐거움

태어난 곳만이 고향은 아니다. 다른 곳으로 떠나와 자신의 의지로 결정한 두 번째 고향에서 인생 2막을 시작한 사람들도 있다. 김희중 씨의 첫 고향은 경기도 광주의 산자락이었다. 돌이 많은 산속이라 농사짓기가 어려워 스물다섯에 고향을 떠나왔다. 오로지 농사를 짓기 위해 신리에 들어온 것이다. "농사지은 지는 오래됐어. 초등학교 때부터 부모님 따라다니면서 지었으니께. 전에 살던 광주는 돌이 많은 산속이라 농사짓기가 영 대간했어. 당시 큰 외숙모님 고향이 평택이었는데 '신리 땅이 농사짓기 좋으니 가봐라' 해서 이곳으로 왔지. 오니께 산도 없고, 돌도 없고, 세상 농사짓기 좋은 땅인 겨. 심지어 구획 정리도 다 돼 있고 농수로, 경수로까지… 돌 굴러다니는 땅에서 지게 지고 농사짓다 왔으니… 신리는 말 그대로 나에게 농사의 신세계였지." 그는 1986년도에 지금의 마을로 옮겨와 터를 잡았다. 그리고 이 땅에서 결혼해 가정을 이루고, 아이들을 낳아 키우며 진정한 농부로 다시 태어났으니 이제는 신리가 자신의 고향이나 다름없다 말한다. "난 다른 직업은 한 번도 생각을 해본 적이 없어. 태어나서부터 농사밖에 몰랐지. 또 배운 게 그거니께… 어릴 때부터 '나는 농사짓고 살아야겠다' 생각했지. 신리에 첨 와서는 벼농사만 짓다가 90년대에 들어서 콩 농사도 지었지. 첨엔 논둑 놀리기 싫어서 콩 농사를 지었는데, 해보니께 이 마을 논둑이 콩 농사가 잘되는 땅이더라고. 물이 잘 빠져서 밭에서 짓는 것보다 콩이 잘 자라, 맛도 더 달고… 그래서 아는 사람들은 신리 서리태만 찾아. 신리의 사방 논둑에 콩밭이 많은 이유여." 농사는 하늘과 땅과 사람이 어우러져 이루어내는 결과물이다. 낱알 하나, 열매 하나도 농부의 땀과 애정이 깃들어야만 열리고 제대로 여문다. 하지만 노력이 빛을 보지 못 할 때도 있다. "농사가 해마다 잘 되면 좋지. 근데 농사 잘 짓고 못 짓고는 사람 맘대로 안 되는 겨. 하늘이 반은 도와줘야 혀. 지난해도 난 농사를 잘 지은 것 같았는디 수확해 보니 마음에 안 들어. 그래서 후회하고 또 다시 잘 지어야겠다고 다짐 하고 그랬어… 그게 농사여." 여전히 배울 게 많은 농부지만 확실히 알게 된 것은 있다. 농사란 욕심내지 않고 하늘의 뜻에 맞춰 자연이 주는 만큼 만족해야 탈이 안 난다는 것이다. 김희중 씨는 어느덧 '농사 즐기는 법'을 터득한 농부가 된 것이다. 그는 신리에 와서 새로운 새참의 세계에도 눈을 떴다 말한다. "옛날 손으로 모를 심던 시절엔 이집 저집 다니며 품앗이를 많이 했어. 그럼 집집마다 다양한 새참을 내왔지. 신리에 와서 모 심다가 첨으로 꼬막을 먹어 봤어. 어느 집에선가 꼬막을 삶아 양념장을 올려 새참으로 내왔는데 짭조름하고 쫄깃한 것이 참 맛나더라고. 그게 내 생에 첫 꼬막이었어. 기억에 남은 새참이었지."

김희중 씨는 농기계를 마법이라 말한다. 그래서인지 농기계에 대한 애정 또한 남다르다. 그의 창고에는 다섯 대가 넘는 트랙터들이 있고, 그 트랙터들을 고치고 다듬을 연장들 또한 가득하다. 이 망치는 아버지 때부터 사용하던 것으로, 그의 농기계 역사와 함께해 온 연장이다.

농사만큼
정직한 일은 없다.
뙤약볕 아래
땀 흘려 모를 심고
열심히 일하다 보면
늘 보답을 해주는 것이
고마운 땅이었다.
아버지가 평생 일하던
땅의 주인은
이제 김희중 씨가 됐다.

70년대 초 농촌에 경운기가 등장하면서 농사일에 혁명이 일어났다. 사람 손으로 3일 동안 할 일을 경운기로는 하루면 다 할 수 있었기 때문이다. 경운기가 있는 집은 부러움의 대상이었고, 재산 목록 1호였던 소는 경운기에게 제 자리를 내주었다. 당시 비가 오면 입고 있던 웃옷을 벗어서 경운기를 덮는 것 또한 흔한 일이었다 한다. 80년대 트랙터와 이앙기, 콤바인의 등장은 다시 한 번 농부들의 삶을 획기적으로 변화시켰다. "나도 1984년도까지만 손으로 모심기를 했어. 이후부턴 이앙기로 모를 심었지. 근디 그땐 툭하면 고장이 났어. 당시엔 국산 농기계가 부실했어. 그래서 농기계 회사로 사용법이랑 수리법을 배우러 많이 다녔지." 이후 발전한 농기계들은 새로운 농업 방식을 가능하게 했고, 부족한 일손을 대신했으며, 농사뿐 아니라 농촌의 생활 양식에도 변화를 일으켰다. 김희중 씨의 농사에도 항상 든든한 농기계 군단이 함께 한다. 그가 농부로 살며 가장 놀라웠던 순간은 농기계 중 콤바인을 마주했을 때이다. "농사 중에서 가장 힘든 일이 벼 베기여. 근디 이 콤바인이 귀신같이 벼를 베어 주는 겨. 참말로 신기했지. 요즘 콤바인은 벼도 베고 나락도 털고, 볏짚까지 썰어 주잖여. 쌀도 실어 나르고. 농기계가 농업을 마법으로 만든 겨." 오랜 시간 농사를 지었음에도 그는 지금도 농기계를 보면 마냥 신기하다. 특히 농부들 사이에서 기적의 농기계 3종 세트라 불리는 트랙터, 이앙기, 콤바인은 그의 농사를 즐거움으로 바꾸었다. "트랙터로 논 갈고, 써레질도 하고, 이앙기로 모심고, 콤바인으로 벼 베고 나락까지 터니께… 이것들이 다 사람을 대신하잖여. 힘도 덜들고… 아무리 생각해도 농기계는 마법이여." 그는 이앙기, 콤바인과 더불어 트랙터만 총 5대를 보유하고 있다. "난 트랙터가 다섯 대가 있어. 각 트랙터 마다 역할이 있어. 논 가는 거, 써레질하는 거, 비료 주는 거, 흙 파는 거, 실어 나르는 거… 트랙터가 생기면서 일이 많이 빨라졌지. 힘도 덜 들고. 농기계 없이는 인자 농사 못 지어." 농부의 손발이 된 농기계를 이용해 그는 지난해 벼농사 2만 5천 평을 지었고, 논두렁 콩은 1만 5천 평을 지었다. "농기계를 운전할 땐 피곤한 줄 몰러. 새 농기계를 보면 아직도 가슴이 두근두근 뛴다니께. 농기계를 구입할 때마다 기술 발전에 새삼 놀라. 요즘은 트랙터 큰 거 한 대에 1억 원 씩은 줘야혀. 그래서 농부들이 농기계 사느라 돈을 못 모아." 그러나 농부라는 직업에 후회는 없다. 오히려 땅의 기운을 느끼고 땅의 맛을 보며 살아 행복하다 말한다. "신리는 농사꾼에게는 최고의 땅이여. 평야 지대니께. 농사짓기가 좋잖여. 나는 농부가 최고의 직업이라고 생각혀. 6개월 일하면 6개월은 놀잖여. 일 년에 반은 놀 수 있으니 이보다 더 좋은 직업이 어딨어. 농사도 기계로 하니 전처럼 힘들지도 않고. 그래서 난 농사가 좋아."

새참이란 일을 하다가 잠시 쉬는 동안에 먹는 간단한 음식이다. 아침과 점심 사이, 점심과 저녁 사이의 참 시간이 되면 논의 안주인들은 다양한 참을 준비해 들로 이고 나왔다. 어느 집은 국수를, 어느 집은 옥수수를, 어느 집은 떡을 내왔다. 꼬막무침은 김희중 씨가 신리에서 만난 생애 최고의 새참이다.

술은 '나' 자신이자 평생 친구에요

이예령 / 1966년 생 / 평택시 오성면 숙성리

전통주는
익히고 삭히는
발효 음식이에요.
미생물이 하는 역할이
크다보니
아무리 노력해도
실패할 확률이 높죠.
전 술과
연이 닿으려 했는지,

처음부터 빚는 술들이
다 잘 됐어요.

이예령 씨와 그녀의 남편 김승우 씨가 10여 년 전 직접 만든 인형이다. 옛날 검정고무신 신던 시절을 떠올리며 면으로 한 땀 한 땀 정성스레 만들었다. 이 인형들의 이름 또한 이예령, 김승우이다. 남편이 미울 때면 이 인형을 한 대씩 쥐어박는 게 이예령 씨 나름의 스트레스 해소법이다.

그녀는 술 빚는 재주꾼

어떤 일에 재주가 뛰어나거나 이를 매우 즐기는 사람을 우리는 '꾼'이라 부른다. 오성면 숙성리에는 이런 꾼이 산다. 술을 마시지 못하는 술꾼, 이예령 씨다. 그녀는 평택의 쌀로 전통주를 빚는 여인이다. 탁주를 비롯해 약주, 청주, 증류식 소주가 그녀의 손끝에서 정성스레 빚어져 향긋하게 익어간다. 그녀가 전통주를 빚게 된 데는 진정한 술꾼인 남편의 역할이 컸다. "시댁 식구들이 모두 술을 참 좋아했어요. 정말 많이들 마셨죠. 아침이면 출근을 해야 하는데 숙취로 일어나지를 못했어요. 그 모습을 보며 '이왕 마실 술, 좋은 재료로 빚은 술을 마시게 하자' 생각했죠. 그래서 제 스스로 전통주학교에 술을 배우러 갔어요." 그렇게 전통주와 인연을 맺은 그녀는 조금씩 우리의 전통주가 지닌 매력에 빠져들었다. "전통주는 김치나 장류처럼 익히고 삭히는 발효 음식이에요. 미생물이 하는 역할이 크다보니 아무리 노력해도 실패할 확률이 높죠. 그런데 전 술과 연이 닿으려 했는지, 처음부터 빚는 술들이 다 잘 됐어요. 특히 사람들이 제 술을 맛보고 '맛있다' 말해줄 때면, '내가 인정받고 있구나' 라고 느껴져 행복했죠. 25년을 가정주부로만 살다가 처음 느낀 성취감 이었어요. 그러면서 술 빚는 즐거움에 푹 빠져들었죠." 이예령 씨는 술을 빚으며 이 땅의 꽃과 나무, 자연을 새롭게 보기 시작했다. 봄이면 목련과 진달래를 따다 술을 담갔고 가을엔 국화의 향에 빠졌다. 철따라 재료 따라 다니며 좋은 이들과 나눠 마실 술을 정성스레 빚었다. 한국전통주학교에서 정규 교육과정 이수 후엔 전통주주조사 자격증까지 획득했다. 진정한 애주가의 길에 들어선 것이다. "한 걸음 한 걸음 술을 배워가면서 우리 전통주의 세계가 참으로 깊고 넓다는 것을 깨달았어요. 절기에 따라, 재료에 따라, 담는 방법에 따라… 알면 알수록 전통주가 더 알고 싶어졌고, 우리의 술을 보다 많은 사람들이 알고 맛보면 좋겠다 생각했죠. 또 이때쯤 제 술을 찾는 이들이 점점 많아졌어요. 그래서 본격 적으로 술을 빚어 전통주 사업을 해보자 마음먹었죠." 사업의 시작은 혼자가 아니었다. 술 공부를 같이 한 친구들과 의왕시의 한 산자락에 터를 마련해 전통주 공부를 하며 술을 빚어 팔았다. 헌데 판로를 확보하지 못한 채 시작한 사업은 시간이 지날수록 자금난에 시달렸고, 같이 술을 빚던 이들도 하나둘 떠나갔다. "'술과 함께 하는 생은 여기까지 인가' 하고 고민할 때 가족들이 든든한 지원군이 되어 줬어요. 남편은 말없이 퇴직금을 건넸고, 두 딸은 이제 엄마의 인생을 살라며 응원했죠. 정말 가족이 아니었다면 저의 술 빚는 인생은 거기서 저물었을지 몰라요." 그렇게 그녀는 술도가의 주인이 되었고, 술과 함께 제2의 인생을 시작했다.

그녀가 빚은 술은 향기롭고 여운이 길다. 그 술에 가장 잘 어울리는
안주라며 그녀가 내놓은 안주는 다양한 채소를 곱게 채 썰어 놓은
쌈채소다. 이 땅에서 길러진 쌀로 빚은 술에, 이 땅에서 심어 가꾼
채소로 만든 안주가 만들어 내는 궁합은 더 없이 절묘하다.

이예령 씨가 오성면 숙성리로 들어 온 것은 9년 전이다. 이곳은 아버님의 고향으로 아버님이 물려주신 땅에서 술을 빚게 된 것이다. "전통주는 보통 누룩과 밥을 섞은 후 발효시켜 만들어요. 이렇게 발효된 술에 밥을 한 번 더 섞어 '덧술'을 한 것을 이양주라 하고, 두 번 덧술 한 것을 삼양주라하죠." 그녀가 빚는 약주는 덧술을 네 차례 더한 오양주다. 보통의 정성과 시간으로는 만들 수 없는 술이다. "삼양주를 담으면서 덧술 하는 횟수가 많아질수록 술이 지니고 품어내는 힘이 강해진다는 것을 느꼈어요. 덧술 횟수를 늘릴수록 누룩을 적게 쓰고도 맛있는 술을 만들 수 있겠다는 생각이 들었죠. 그래서 덧술을 네 번 더한 오양주를 만들게 됐어요." 그녀의 술도가에서는 약주를 비롯해 청주, 탁주가 3개월의 발효와 3개월 이상의 저온 숙성을 거쳐 빚어진다. 이렇게 정성을 들인 그녀의 술은 지난해 말 〈대한민국우리술대축제〉에서 약·청주 부문 '대상'에 올랐다. "좋은 술은 불필요한 것들이 가미되지 않은 술이에요. 정갈하고 정직한 술이어야 하죠. 오로지 좋은 누룩과 좋은 쌀, 물로만 만들어야 시간이 지날수록 향도 맛도 깊어져요. 숙취도 없고요." 그녀가 빚는 술에는 보존제와 감미료가 일절 들어가지 않는다. 또 100%로 평택 쌀만을 사용한다. "술에서 쌀이 차지하는 비율은 50%정도라고 생각해요. 전 평택 쌀에 대한 자부심이 있어요. 쌀은 저마다의 향이 있는데 평택 쌀은 은은한 향과 차분한 기운을 품고 있어요. 그리고 평택에 사는 사람이 빚는 술이니 평택 쌀로 술을 빚는 게 당연하다고 생각했어요." 그녀의 술도가는 마을 농부들의 사랑방이기도 하다. 비가 오거나 술 한 잔 생각이 들 때면 마을의 애주가 농부들은 그녀의 술도가에 들러 그녀가 내주는 술과 안주에 취해간다. 술을 즐기지 못하는 그녀가 생각하는 술의 매력은 무엇일까? "술은 슬플 때도, 기쁠 때도 함께할 수 있는 음식이에요. 또 술은 상대를 친밀하게 하고, 이야기를 이어가게 하는 힘이 있죠." 인터뷰 말미 그녀의 손끝에서 태어난 술을 맛보았다. 목을 타고 넘어가는 맛과 향이 순하고 부드럽다. 술 끝에 남는 여운도 기분 좋다. 술을 마시지 못하는 이가 어찌 이런 술을 빚을 수 있을까. "술은 꼭 입으로만 맛볼 수 있는 게 아니에요. 전 냄새만 맡아도, 색만 보아도 이젠 술의 상태를 알 수 있어요." 그녀가 빚은 술은 힘이 셌다. 한 잔, 두 잔, 석 잔… 잔이 더해질수록 손과 입에서 술잔이 떨어지지 않았다. 허나 정신은 혼란스럽지 않고, 마음 속 편안한 감성만 올려냈다. 향에 취하고 맛에 반하며 술잔이 비워지는 사이 해가 지고, 달이 떴다. "저에게 술은 '나'와 같아요. 제가 평생 사랑하고, 소중하게 여기며 발전시켜야 할 저 자신이요. 술을 '나'라고 생각하면 절대 함부로 대할 수 없죠. 술은 '나' 자신이자 평생의 친구에요."

"술에서 쌀이
차지하는 비율은
50%정도라고 생각해요.
전 평택 쌀에 대한
자부심이 있어요.
쌀은 저마다의 향이 있는데
평택 쌀은 은은한 향과
차분한 기운을 품고 있어요.
그리고 평택에서 사는 사람이
빚는 술이니
평택 쌀로 술을 빚는 게
당연하다고 생각했어요."

농사는
그 과정
자체가
사람들의
몸과
마음을
치유하는

힘을
품고 있어요

조병욱 / 1968년 생 / 평택시 오성면 신1리

"땅도
사람도
스스로 자신의 몸을
치유해낼 수 있는
'자연 치유력'을
지켜줘야 해요.
즉 땅의
본성을 살리는 것이
치유이고,
이 땅을 치유해
다음 세대에 전해주는 것은
사람들에게 필요한
치유의 공간을
마련하는 것이기에,

농사에서 치유는
사람과 땅 모두에게
목적이 되어야 합니다."

옛날 신리에는 곳곳에 집을 지을 흙을 파낸 후 만들어진 작은 저수지 크기의 물웅덩이가 있었다. 그 웅덩이는 겨울이면 꽁꽁 얼어 동네 아이들의 놀이터로 변했다. 조병욱 씨는 그 웅덩이에서 직접 만든 이 썰매를 타고, 팽이를 치며 겨울을 보냈다.

농사가 지닌 치유의 힘

사람들은 농촌의 풍경을 보며 마음의 고향을 떠올린다. 푸른 들녘을 마주하며 마음에 편안함을 느끼고, 건강한 삶을 찾아 귀농, 귀촌 하는 이들도 늘고 있다. 이 모든 것들이 농사가 지닌 '치유의 힘' 때문이라 말하는 이가 있다. 신리에서 태어나 '어쩌다 보니 농부가 되었다' 말하는 조병욱 씨다. "봄이면 모를 심고, 여름 뙤약볕에 쌀을 키우고, 가을이면 곡식을 거두고, 겨울이면 땅과 함께 쉬는… 계절과 함께 찬찬히 단계를 밟아가는 농사는 그 과정 자체가 사람들의 몸과 마음을 치유하는 힘을 품고 있어요." 농사가 우리에게 치유가 되는 이유는, 우리 민족의 DNA에 조상 대대로 먹어온 쌀에 대한 기억이 있기 때문이란다. "우리 민족은 오랜 시간 쌀을 먹으며 살아왔어요. 즉 우리 민족의 DNA는 쌀에 맞춰 있다고 볼 수 있죠. 식생활이 많이 변화하긴 했지만 여전히 우리의 세포는 '쌀'을 기억하고 있어요. 그래서 신토불이를 찾고, 농촌의 풍경을 그리워하는 것이고요." 그는 무슨 연유로 농사를 '치유'의 시각으로 바라보게 되었을까. 조병욱 씨의 농부의 역사를 들춰봤다. "땅 부자 집에서 태어나, 농사일을 돕는 건 자연스러운 일상이었어요. 어린 시절부터 논이고 밭이고 달려 나가 일손을 도왔죠. 스물세 살이 되던 해 본격 농군이 됐고, 그때부터 농사짓는 즐거움에 빠졌어요. 그리고 그때부터 제 고달픈 농부의 역사도 시작됐죠." 그의 농사는 도전의 역사였다. 그리고 그 도전이 언제나 좋은 결과를 가져다주지는 않았다. '어린모'를 심으면 모가 강하게 자란다는 말에 어린모로 농사를 짓다 수확량이 반타작이 났고, 비료나 농약 없이 짓는 자연주의 농사 철학을 따르다 큰 손실을 보기도 했다. 새로운 쌀의 판로를 찾기 위해 일찍이 쌀 직거래를 할 수 있는 홈페이지를 만들었으나 찾는 이가 없어 헛수고만 했던 시절도 보냈다. 지칠 법도 하건만 그는 여전히 도전하는 농부의 삶을 살고 있다. 최근엔 방치농업을 실천 중이다. "방치농법은 말 그대로 아무것도 하지 않는 농사에요. 동네사람들은 그런 저에게 '건달농사' 짓는다며 농을 던지죠. 하지만 이 또한 땅을 치유하는 농법이에요." 현재 우리의 농업 시스템은 짧은 기간에 많은 농작물을 길러내기 위해 땅에 비료를 쏟아 붓고 제초제를 뿌려댄다. 단기간에 많은 수확량을 얻을 수 있을지는 몰라도 이 과정 속에서 땅이 농작물을 스스로 길러낼 수 있는 힘, '땅 심'을 잃게 된다. "땅도 사람도 스스로 자신의 몸을 치유해낼 수 있는 '자연 치유력'을 지켜줘야 해요. 즉 땅의 본성을 살리는 것도 치유이고, 이 땅을 치유해 다음 세대에 전해주는 것은 아주 중요한 일입니다. 사람들에게 필요한 치유의 공간을 마련하는 것이기 때문이죠. 농사에서 치유는 사람과 땅 모두에게 목적이 되어야 합니다."

조병욱 씨가 가장 좋아하는 쌀밥의 소울메이트는 단연 김치다. 특히 돼지고기를 넣어 달달 볶은 김치찌개와 묵은 총각무김치를 넣고 뭉근하게 지진 찌개는 밥 한 그릇을 게 눈 감추듯 비우게 하는 밥도둑이라 말한다.

조병욱 씨가 사는 신1리는 '초록미소마을'이라는 어여쁜 이름표를 달고 있다. 초록미소마을은 농림축산식품부가 지정한 농어촌체험휴양마을로 쌀겨 효소를 이용한 찜질을 비롯해 도정시설을 이용한 쌀 도정체험, 계절별 농산물 수확체험, 서리태를 이용한 전통 두부 만들기 등 다양한 농촌 체험이 가능하다. 여러 체험 중 이곳에서 가장 인기 있는 것은 단연 쌀겨효소찜질이다. "쌀겨효소찜질은 사람의 체온을 올려 면역력을 높이는 자연 치유법이에요. 모래찜질을 하듯 쌀겨를 전신에 덮고 15분 정도 있으면 쌀겨 속 미생물이 번식하는 과정에서 진동을 일으키며 자연 발효열이 발생합니다. 그 파장과 열이 전신의 모공을 자극해 땀과 독소를 배출하고 사람들의 뼛속까지 열을 전달해 어혈을 풀고, 혈액 순환을 도와 체온을 높입니다. 인공의 힘이 가해지지 않은 자연 치유법이죠." 이 찜질사업 또한 그의 도전 정신에서 시작됐다. 정미소에서 쏟아져 나오는 엄청난 양의 쌀겨를 보고는 활용 방안을 고민했고, 옛 어른들의 입에서 입으로 전해지던 말이 떠올라 행동으로 옮긴 것이다. "효소찜질 자체는 역사가 매우 오래 됐어요. '다 죽어가는 사람을 퇴비에 던져 놨더니 살아 나오더라'는 옛말이 있어요. 이는 퇴비에서 발생하는 열에 의해 환자의 몸속에 있던 독소가 배출되어 되살아났다는 것을 의미하죠. 조선시대엔 사대부들이 집에 방 하나를 쌀겨나 청포로 채워 찜질방을 만들었다고 해요."
쌀겨 효소는 4~5시간을 발효하면 65~70℃까지 열이 발생한다. 이 과정에서 원적외선을 방출해 인체 면역력을 높이는 환경을 만들어 내는 것이다. "암세포는 35℃의 저체온에서 가장 잘 증식해요. 따라서 우리 몸은 1℃만 체온이 낮아져도 면역력이 30% 가까이 떨어지죠. 반대로 1℃만 높아져도 200~300% 면역력이 증가해 감기조차 걸리지 않는 건강한 몸이 됩니다. 쌀겨효소찜질이야 말로 면역력을 높이는 자연 치유법입니다."
최근 치유 농법이 전 세계적으로 화두가 되고 있다. 지친 몸과 마음을 농촌에서 치유하려는 도시민이 늘어나고 있고, 자연으로 되돌아온 사람들은 치유는 자연과 인간과의 관계 회복에서 시작한다는 진리를 깨우치고 있다. 조병욱 씨는 조금은 고되고, 남들보다 느릴 수 있지만 자연이 건강해야 인간도 건강할 수 있다는 생각을 열심히 지켜 나가고자 한다. "전 치유 농법이 농촌에 새로운 활력을 불어넣을 방편이 될 수 있다고 생각해요. 이제 농촌을 단순히 먹을거리를 생산하는 곳으로 보아선 안돼요. 다양한 자연의 가치를 발굴할 수 있는 치유의 공간으로 보아야 해요. 이를 통해 사람들은 힐링을 얻고, 흙은 땅심을 되찾고, 힘을 잃어가는 농촌의 문화도 되살아났으면 합니다."

> "농촌을 단순히 먹을거리를 생산하는 곳으로 보아선 안돼요. 다양한 자연의 가치를 발굴할 수 있는 치유의 공간으로 보아야 해요."

여기
버리고는
못살지
정
붙이고
사는
데가

좋은
겨

김상기 / 1954년 생 / 평택시 오성면 신4리

"이장이 하는 일?
별거 없어.
심부름이지 뭐.
동네 심부름,
면사무소 심부름,
농협 심부름…

이장은
심부름꾼이여."

이 하모니카는 김상기 씨의 추억의 물건이다. 학창시절 독학으로 하모니카를 배운 후부터 늘 품고 다니며 연주한다. 아는 노래는 다 연주할 수 있다는 그는 요즘 '안동역에서'라는 곡을 연습중이다. 몇 해 전엔 실력을 인정받아 결혼식 축가로 하모니카를 연주했다.

27년 차 이장의 품격

시에는 시장이 있듯, 읍에는 읍장이 있고, 면에는 면장이 있다. '리'로 끝나는 마을에는 이장이 있다. 오성면 신4리의 이장은 김상기 씨다. 현역에 있는 오성면 최장기 이장으로 27년째 마을의 일꾼 노릇을 하고 있다. 이제는 '이장의 달인'이 되고도 남았을 터. 그래서인지 그는 이장이 하는 일은 별거 없다 말한다. "27년 전엔 내가 가장 젊고 어려서 이장을 맡게 됐지. 근디 여전히 농사짓는 사람 중에서 내가 가장 젊어. 그래서 넘겨 줄 사람이 없어. 그래서 계속 하는 겨… 이장이 하는 일? 별거 없어. 대부분 심부름이지 뭐. 동네 심부름, 면사무소 심부름, 농협 심부름… 이장은 심부름꾼이여." 사소한 일상을 평화롭게 유지하는 데는 보이지 않는 노고가 필요하다. 내가 발붙이고 사는 마을을 조금이라도 더 나은 곳으로 바꿀 수만 있다면 조금 더 노력하고, 조금 더 부지런해지는 삶. 그게 김상기 씨가 말하는 이장의 역할이자 삶이다. "그냥 부지런해야 혀. 사람들하고 융합하려는 노력을 많이 해야 하고. 거기다 마을 사람들 의견을 잘 들어야 하고. 더 중요한 건 누가 말하기 전에 미리미리 살펴서 동네사람들이 필요한 것을 찾아 해결해야지. 솔선수범. 그게 이장에게 가장 필요한 자세여." 신리에서 나고 자란 김상기 씨는 65년 동안 이 땅을 오랜 시간 떠난 적이 없다. 군 생활도 마을에서 방위 근무를 했다. 그래서인지 마을에 대한 정이 누구보다 깊고, 사람들과 어우러져 사는 이곳이 가장 좋다 말한다. "전 세계 어느 곳보다도 나는 신리가 좋아. 나도 해외여행은 이곳저곳 가봤지. 캐나다가 자연이 참 깨끗하고 좋더라고. 공기도 맑고. 그런데 신리만은 못 혀. 나랑 정붙이고 어우러져 사는 사람이 있어야 살기가 좋지. 공기만 좋다고 살수 있간디. 그려서 난 여기 버리고는 못 살어." 마을에 대한 정이 유독 도타운 그에게 옛 마을의 기억을 떠올리는 것은 늘 즐거움이다. "나 어릴 땐 소를 키우는 집에는 쇠죽을 쒀주는 방이 있었어. 그 방에서 친구들이랑 만날 모여 놀았어. 마을 웅덩이 물에서 목욕하고는 그 쇠죽 방에서 우루루 모여 놀다 잠이 들었지. 아침에 일어나보면 다리들이 난리도 아녔어. 소여물 끓이는 뜨끈뜨끈한 열기에 다리에 붙어 있던 거머리가 다 말라 죽어 있는겨." 또 다른 기억은 호박이다. 그의 옛 기억 속에도 지금의 마을 풍경에도 언제나 호박이 있었다. 생명력이 좋은 호박은 두어 뿌리 심어 놓기만 하면 여름부터 가을까지 내내 신리의 인심 좋은 반찬이 되었다. "호박은 여기저기서 참 잘 자랐어. 마당이고 담벼락이고 텃밭이고… 열리기만 하면 마을 사람들이 서로 따다 주고 따다 먹었어. 그래서 호박은 서리가 필요 없었지. 예나 지금이나 이 마을은 유독 호박 인심이 좋았어."

과거 경지 정리가 되기 전 신리에는 물웅덩이가 많았다. 그 웅덩이에서 고기를 잡을 때면 추위를 가시기 위해 웅덩이 옆에 볏짚으로 불을 피웠고 웅덩이에서 잡힌 미꾸라지는 바로 그 볏짚 속으로 던져져 익어갔다. 이 미꾸라지는 힘든 추수철의 맛있고 고마운 보양식이 되기도 했다.

지난 시절을 되돌아보면 마냥 좋았던 기억만 있는 것은 아니다. 가슴 졸이며 애가 타던 순간들도 많았다. 아니 지금도 매년 모내기 철이면 그의 애간장은 녹아내린다. "논에 모를 심고 나면 논에 나가지를 못했어. 막 심겨진 모들은 아직 땅에 자리를 못 잡아 비실비실 하거든. 모들이 몸살을 앓는 거지. 그 모습을 보면 아주 애가 탔어. 모들이 다 죽을 것 같거든. 그럼 나도 같이 몸살을 앓어. 그러다 20일 정도 지나면 벼가 파랗게 쫙 올라온다고. 자리 잘 잡았다고 꼭 나한테 말하는 거 같지. 그런 벼를 보면 참 고마워." 반대로 논에 나가기만 해도 기분 좋은 시절도 있다. "가을에 벼가 누렇게 변했을 때가 참 좋지. 구수한 쌀 냄새가 나면 절로 흥이 나지." 평생 마을을 지키며 농사를 지어온 김상기 씨는 농사의 즐거움을 '자유'라 말한다. "농사는 자유로워. 시간이 많지. 365일 매일 해야 하는 일이 있는 게 아녀. 부지런해야 하는 건 자기 선택이지. 시간적인 구애도 없고, 누가 간섭도 하지 않고… 자유롭게 하고 싶은 일을 하면서 농사까지 지을 수 있는 게 가장 좋지." 말 속에 쉼표가 있는 것처럼 느릿느릿한 말투에 구수한 사투리가 인상적인 그는 깊어 가는 가을 들녘의 고마움을 노래하는 농부이기도 하다. 가슴에 항상 하모니카를 품고 다니며 하늘에 감사하고 땅이 고마울 때면 하모니카를 꺼내 연주한다. "학창시절에 독학으로 하모니카를 배웠어. 혼자 즐길 수 있고. 어디서든 연주할 수 있어서 난 하모니카가 좋아. 감사할 때, 기쁠 때, 외로울 때… 어디서든 연주 할 수 있잖여. 몇 해 전엔 친구 아들 결혼식에서 축가로 '천년지기'라는 곡을 하모니카로 연주했어. 연주가 끝나니 내빈들이 전부 일어나서 박수를 쳐줬지… 젊었을 땐 농악도 했어. 상쇠 뒤에 따르는 부쇠를 했지. 꽹과리를 좀 쳤어. 우리 김씨 집안사람들이 이 마을에 여럿 사는데 다들 예술적 재주가 있어. 쉽게 말해 놀기 좋아하는 거지." 재주 많은 그는 신리를 대표하는 건강 지킴이기도 하다. 40세에 오성면 조기축구회를 발족해 초대 회장을 역임했고, 그 다음엔 테니스 동호회와 족구 동호회도 만들었다. 지금도 매일 아침엔 족구를. 농사일 후 저녁엔 테니스를 치고 있다. 많은 농군들이 술을 먹거나 화투를 치며 농한기(특히 겨울)를 보내는 시기, 나태해지지 않기 위해 운동을 선택했다. 지난 해 부터는 자전거를 타며 주말을 보낸다. 그가 유독 건강에 신경을 쓰게 된 데는 이유가 있다. "안식구가 오래 아프다 떠났어. 18년을 투석을 했지. 병원에 수도 없이 다녔어. 밤이고 새벽이고… 나라도 건강해야겠다 생각했지. 또 농사를 지으며 받는 스트레스를 운동으로 많이 풀었어. 그래서 나에겐 운동이 탈출구여. 또 건강해야 이장일도 잘하고 농사도 잘 지니께. 운동은 언제나 열심히 해야 혀."

"논에 모를 심고 나면
논에 나가지를 못했어.
모들이 아직
땅에 자리를 못 잡아
비실비실 하거든.
모들이 몸살을 앓는 거지
그 모습을 보면
아주 애가 탔어."

천재의
두뇌보다
둔재의
악필이

오래간다

심재덕 / 1957년 생 / 평택시 오성면 신3리

어린 나이에
여러 완장을 차다보니
책임감이 무거웠죠.
그래서 기록을
하기 시작했어요.
실수를 범하지 않기 위해,
보다 정확하기 위해

                                                                   기록하고 기억하며
                                                                   오류들을 체크했죠.

심재덕 씨가 마을 일을 하며 수십 년간 기록해온 장부이다. 장부에는 각 마을 사업의 제목과 진행된 날짜, 필요한 그림과 들어간 비용, 참여 인원 등 마을 변화의 역사가 꼼꼼하고 정성스럽게 기록되어 있다.

펜으로 남긴 신리의 역사

기록은 역사이다. 기록은 단순히 잊고 있었던 과거의 일들을 되살릴 뿐만 아니라, 잘못 저장되어 있던 기억들을 바로 잡아 주기도 한다. 또한 역사는 한 줄의 기록에서 시작되기도 한다. 특별한 것이기에 기록되어진 것이 아니라, 기록되었기에 특별한 역사가 된 것이다. 오성면 신3리에는 수십 년간 자신이 일구어온 마을의 일과 자신의 삶을 꼼꼼히 기록해온 이가 있다. 심재덕 씨. 그는 신2리에서 태어나 중학교 2학년이 되던 해 지금 살고 있는 신3리로 이사를 왔다. 오랜 시간 고향마을을 지키며 살다보니 자연스레 마을 일에도 앞장서게 됐다. "1983년도에 최연소 새마을지도자가 됐어요. 1985년도엔 농업경영인이 됐고요. 어린 나이에 여러 완장을 차다보니 책임감이 무거웠죠. 또 농사를 지으며 지도자 역할까지 해야 하니 부담도 됐고요. 그래서 기록을 하기 시작했어요. 실수를 범하지 않기 위해, 보다 정확하기 위해 기록하고 기억하며 오류들을 체크했죠. 그것들이 일의 근거가 되기도 하고, 하나하나가 쌓여 마을 사업의 재산이 됐습니다." 완장을 벗은 지금은 깜빡깜빡하는 기억을 다잡기 위해 기록을 한단다. 그의 품 안에서 꺼낸 낡고 오래된 수첩엔 오늘의 인터뷰 일정도 빠짐없이 적혀있다. 수첩과 볼펜은 늘 그의 품을 떠나지 않는다. "'천재의 두뇌보다 둔재의 악필이 오래 간다'라는 말이 있어요. 기록이 기억을 이긴다는 말이죠." 기억은 쉬 잊혀지고, 시간의 지나면서 각색의 덫에 걸려 말갛게 잊거나 또는 새빨갛게 왜곡되기도 한다. 그렇기 때문에 기록이 중요하다. "기록은 기억을 지배합니다. 그렇기에 기록은 오해의 소지를 없애주고 시간에 따른 각색과 수정을 통제하죠." 또한 하찮아 보이는 기록도 쌓이면 역사가 된다. 이순신의 난중일기, 황현의 매천야록, 김구의 백범일지 같은 명망가의 기록도 있지만 때론 유대인 소녀 안네프랑크의 일기처럼 이름 없는 서민의 기록이 정부문서보다 더 빛을 발하기도 한다. 심재덕 씨가 자랑할 거리가 못된다며 낡은 가방에서 꺼낸 오래된 장부엔 신리의 역사가 고스란히 담겨 있다. 1975년 마을의 지붕개량은 몇 동이 이루어 졌는지, 1977년 방파제 보수에는 얼마의 사업비가 들었고, 1984년도 마을 안길 공사에는 몇 명의 사람들이 참여했고, 공동건조장 건축엔 어떠한 재료들이 들어갔는지까지… 마을의 큰 사업과 행사들이 꼼꼼하게 적혀 있다. 자세히 살펴보니 그가 새마을지도자가 되기 전의 기록들도 정리가 되어 있다. "이전 지도자분들이 남겨 주신 자료들을 모아 제가 연도별로 다시 기록을 했어요. 필요한 영수증들도 모아 뒀고요. 이해를 위해 그림이 필요한 곳엔 그림도 그렸죠. 제대로 기록을 해줘야 가치가 있으니까요." 얼마나 정성스레 기록했는지 필체 좋은 글자 한자 한자가 마치 그림 같다.

오곡밥 훔쳐 먹기는 경기도와 충청도 일대에서 이뤄지던 절기 풍속이다. 매년 정월 14일, 아이들이 마음 놓고 '밥 서리'를 할 수 있었던 날로, 집집마다 돌아다니면서 오곡밥을 훔쳐 먹으면 더욱 복을 받을 수 있고, 더위도 막을 수 있다고 여겨 생긴 풍습이다.

심재덕 씨가 기록 없이도 선명하게 기억하는 것들엔 전쟁의 시간들이 많다. 특히 생존을 위해 벼를 지키려는 자와 생존을 위해 벼를 먹어야 하는 자의 일대 전쟁을 치르던 '풀과의 전쟁' 시기는 지금 생각해도 고달픈 기억이다. "제초제가 없던 시절엔 모든 잡풀을 낫으로 베었어요. 매일 베어내도 다시 솟아나는 잡풀들은 화수분 같았죠. 농약이 등장하고도 고생스럽긴 마찬가지였어요. 지금처럼 좋은 약이 아니었기에, 넓은 논에 약을 뿌리는 일은 말 그대로 중노동이었죠. 농약 뿌리다 중독으로 쓰러지기도 했고요." 풀과의 전쟁 후엔 고달픈 물과의 싸움이 이어졌다. 심재덕 씨는 녹색혁명(논농사)에서 백색혁명(비닐하우스)로 바뀌는 시기에 여러 비닐하우스 사업에 뛰어들었다. 그 과정에서 녹록치 않은 신리의 물 사정 때문에 많은 어려움을 겪었다. "신리의 물은 짠물인데다 철분 함량 또한 많아 물로 수막 재배를 할 경우 작물들이 붉게 변했어요. 다른 지역에 비해 농작물의 상품 가치가 떨어졌죠. 제대로 된 작물이 나오지 않아 맘고생을 참 많이 했죠. 그래도 결국엔 수경에 성공한 오이를 가락시장에 올려 팔아 아이들을 가르쳤어요. 고생한 보람은 있었죠." 가장의 무게를 짊어지기 전엔 입가에 절로 미소가 걸리는 추억의 시간들도 있었다. "우리 어릴 적엔 '오곡밥 훔쳐 먹기'라는 게 있었어요. 정월대보름 전날 밤이면 동네 아이들 열댓 명이 모여 이 집 저 집을 돌며 오곡밥 훔쳐 먹기 놀이를 했죠. 어른들은 애들이 훔쳐 먹을 밥과 떡, 나물을 미리 준비해 솥단지에 넣어 놓거나 재미나게 부엌 곳곳에 숨겨두기도 했어요. 그러면 그걸 훔쳐다가 모두 모아서 비벼 먹었는데, 그게 그렇게 꿀맛이었어요. 배고픈 시절이었는데, 그 밤이면 달빛 따라 뛰어다니며 신나게 배부를 수 있었어요." 마을 진위천에서 많이 잡히던 숭어에 대한 기억도 남아있다. "옛날부터 숭어를 많이 먹어 와서인지 신리 사람들은 유독 숭어회를 잘 먹어요. 숭어는 버리는 게 비늘 밖에 없는 생선이에요. 대가리채 오래 고면 맑고 뽀얀 국물이 우러나 약으로 먹기도 했고, 들판에서 볏짚에 구워 먹기도 했어요." 옛날 이 마을엔 임금의 얼음 저장고인 석빙고와 같은 공간도 있었다. "냉장고가 없던 옛날엔 땅에 구덩이를 판 후 바닥에 왕겨를 깔고 무와 배추를 저장했어요. 겨울에 얼음이 얼면 얼음도 담아두고 겨우내 먹었죠. 이 구덩이에 넣어두면 냉장고처럼 얼음노 녹시 않고, 재소도 썩지 않아 오래 보관 할 수 있었어요." 심재덕 씨의 기억과 기록 속엔 신리의 지난 시간이 오롯이 살아 있다. 그가 정성스레 기록한 장부를 넘기며 만나는 신리의 역사는 그래서 더 반갑고 고맙다. 더불어 기록의 힘을 믿는 그가 수첩에 적을 오늘은 어떤 기록이 될지 궁금하다. 그리고 그 기록이 언젠가는 또 다른 역사의 소중한 한 페이지가 될 수 있으리라 기대해 본다.

"정월대보름 전날 밤이면
동네 아이들 모여
이 집 저 집을 돌며
밥을 훔쳐 먹기 놀이를 했어요.
어른들은 애들이 훔쳐 먹을
밥과 떡, 나물을 준비해
솥단지에 넣어 놓거나
부엌 곳곳에 숨겨두기도 했죠.
배고픈 시절이었는데,
그 밤이면 달빛 따라 뛰어다니며
신나게 배부를 수 있었어요."

쌀과 함께 먹다

쌀이 자라는 마을의 먹을거리

상추, 감자, 고구마, 고추, 양파
복숭아, 오이, 가지, 토마토, 콩
당근, 무, 대파, 마늘, 호박

보리밭

콩

감나무

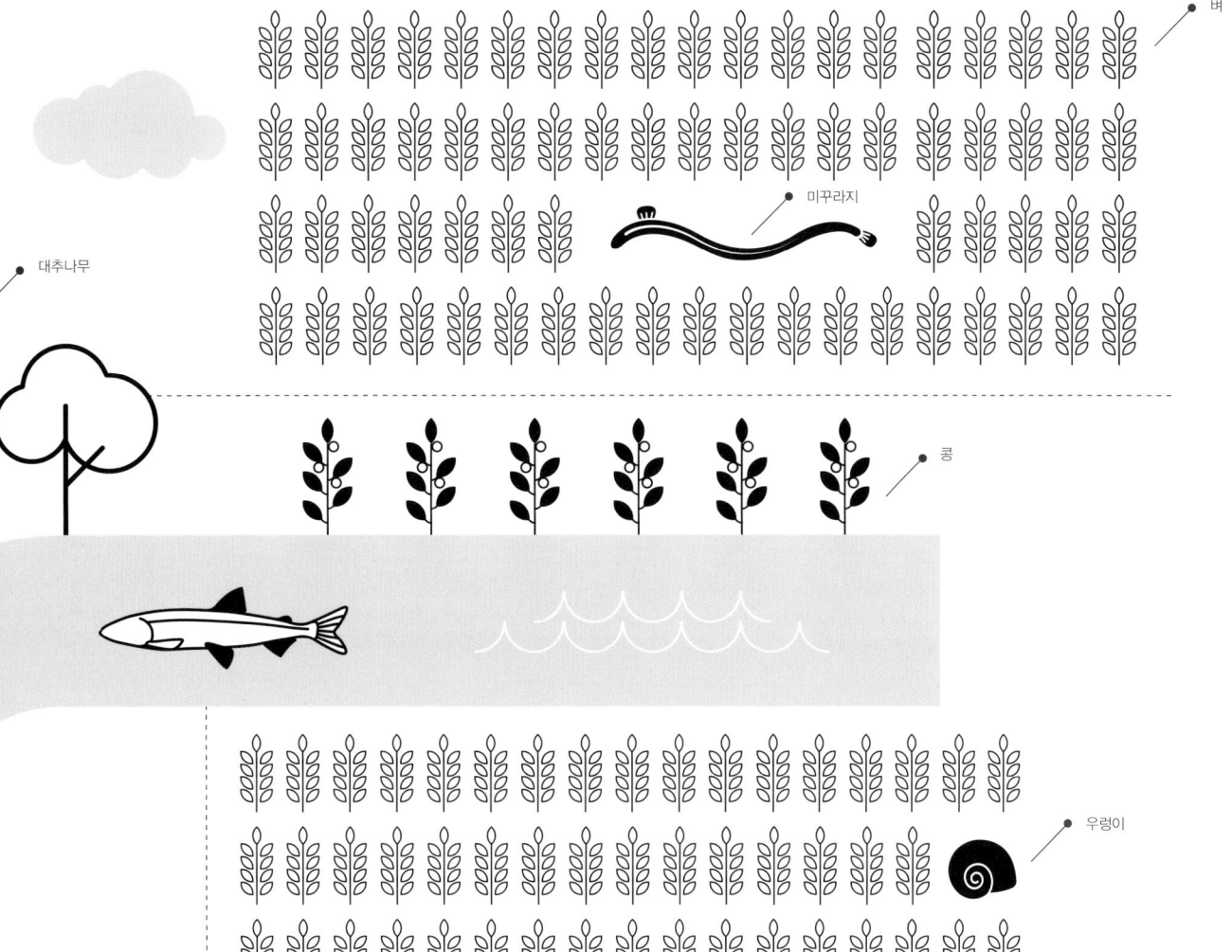

천의 얼굴, 밥

우리 민족은 밥을 소중하게 여겨왔다. '밥은 보약', '밥 한 알이 귀신 열을 쫓는다', '밥심으로 산다'는 속담처럼 밥은 생존의 수단, 그 이상이었다. 더불어 우리 민족은 다양한 종류의 밥을 즐길 줄도 알았다. 쌀만으로도 짓지만 콩, 팥, 보리, 조 등의 곡류를 넣어 '잡곡밥'을 짓기도 하고, 감자와 고구마, 가지, 무 등을 넣어 '채소밥'을, 굴이나 홍합 등을 넣어 '해물밥'을 짓기도 했다.

배려가 담긴 고봉밥

'고봉(高捧)'은 '높이 들어 올리다'라는 뜻으로 '고봉밥'은 그릇 위로 수북이 높게, 꾹꾹 눌러 담는 밥을 가리키는 말이다. 밥을 이렇게 담는 데는 이유가 있었다. 조선시대 양반들은 고봉으로 담은 밥의 그릇 위로 올라온 부분만 먹는 것을 미덕으로 여겼다. 남은 밥은 긴히 쓰일 데가 있었다. 상을 물리고 나면 집에서 일하는 하인들의 몫이 됐던 것이다. 만약 배고픈 상전이 그릇 밑바닥까지 몽땅 먹어 치우는 날이면 노비들은 끼니를 굶어야했다. 즉 고봉밥에는 밥을 높이 쌓고 넉넉히 남겨 고된 일을 하는 머슴들을 배불리 먹이고자 하는 배려가 담겨있다. 이런 이유로 이후 고봉밥은 머슴밥으로도 불리게 되었다.

밥도둑, 짠지와 장아찌

한국인의 밥상엔 도둑이 산다. 이름하여 '밥도둑'이다. 밥도둑은 입맛을 돋우어 밥을 많이 먹게 하는 반찬 종류를 비유적으로 이르는 말이다. 지난 시절 고픈 배 달래주던 밥도둑은 짠지와 장아찌였다. 이 두 밥도둑의 공통점은 짜다는 것이다. 장기 저장을 목적으로 만든 음식이었기에 염도가 높았고, 그로 인해 말 그대로 밥 한 그릇을 게 눈 감추듯 뚝딱 먹어치우게 했다.

고려 후기의 문장가 이규보(李奎報)의 시에 '겨울을 위하여 무를 소금에 절여 김치를 담갔다'는 기록이 있다. 이로 미루어 짠지는 우리가 먹는 김치류의 가장 원초적인 형태라고 할 수 있으며, 그 역시가 김치류 중에서 가장 길다고 할 수 있다.

보름달 아래 묵나물 한입

*「경도잡지」와 *「동국세시기」의 '정월 편'에는 "정월대보름날 오곡밥과 묵나물을 먹으면 다가올 여름에 더위를 타지 않는다"는 기록이 있다. 정월대보름은 봄의 기운이 밀려들기 시작하면서 동면 상태에 있던 사람의 몸이 활동기에 들어가는 시기이다. 이 때 몸은 원활한 활동을 위해 충분한 양의 비타민을 필요로 한다. 그러나 과거의 겨울에는 신선한 채소를 섭취하기가 쉽지 않았다. 이때 지혜로운 우리의 선조들은 묵나물을 먹었다. 묵나물은 봄, 여름, 가을에 나오는 다양한 나물을 삶아 말려 두었다 해를 지나 묵혀 먹는 나물이다. 햇살과 바람이 만들어낸 묵나물은 그 성질이 따뜻하게 변해 겨울에 먹기 더 없이 좋은, 건강한 먹을거리였다.

*경도잡지(京都雜志) - 조선 영·정조 연간에 유득공이 경도인 한양의 세시풍속을 기록한 책. | *동국세시기(東國歲時記) - 조선 후기에 홍석모가 연중행사와 풍속들을 정리하고 설명한 세시풍속집.

봄날의 보양식, 숭어

겨울 동안 허해진 몸을 다스리고 기름을 보충해야 하는 농부들에게 봄날의 숭어는 좋은 보양식이었다. 허준의 『동의보감』에도 숭어는 "맛이 달고 독이 없어 사람의 오장을 이롭게 할 뿐만 아니라 살찌게 하며 건강하게 만든다"고 기록되어 있다. 숭어는 예로부터 회로 즐겨먹었는데, 살이 통통하게 오른 겨울에서 봄에 이르는 시기의 숭어를 제일로 쳤다. 숭어 맛에 관한 이야기 또한 다채롭다. '겨울 숭어 앉았다 나간 자리 펄만 훔쳐 먹어도 달다', '숭어 껍질에 밥 싸먹다가 논 판다' '한겨울 숭어 맛' 등. 숭어는 버릴 게 별로 없는 생선이기도 하다. 껍질은 살짝 데쳐서 쫄깃하게, 내장(위)은 볶아 오돌오돌 씹히는 별미로, 알은 참기름을 발라 어란으로 만들어 먹는다.

*『동의보감(東醫寶鑑)』- 조선시대 의관인 허준이 선조의 명에 따라 편찬한 의서.

보릿고개의 추억, 쑥개떡

쑥은 한국전쟁 전후 먹던 구황식품 중 으뜸이었다. 아득한 보릿고개를 넘어야했던 이 시간, 아낙들은 추위가 풀리기 시작하면 논두렁 밭두렁에 나가 솜털 보송보송하게 돋아난 쑥을 뜯어다 끼니를 연명했다. 이때 만들어진 것이 '쑥개떡'이다. '쑥떡'이 아닌 '쑥개떡' 이라고 이름을 붙인 이유는 접두사 '개'가 뜻하는 바처럼 떡이 볼품없고 흔했기 때문이다. 또 귀한 쌀가루 대신 쌀겨를 넣어 빚어 '쑥겨떡' 이라 부른데서 유래됐다고도 한다. 지금도 쑥개떡은 가정에서 아무렇게나 빚어서 형식을 갖추지 않고 허물없이 나누어 먹는 대표적인 떡이다.

 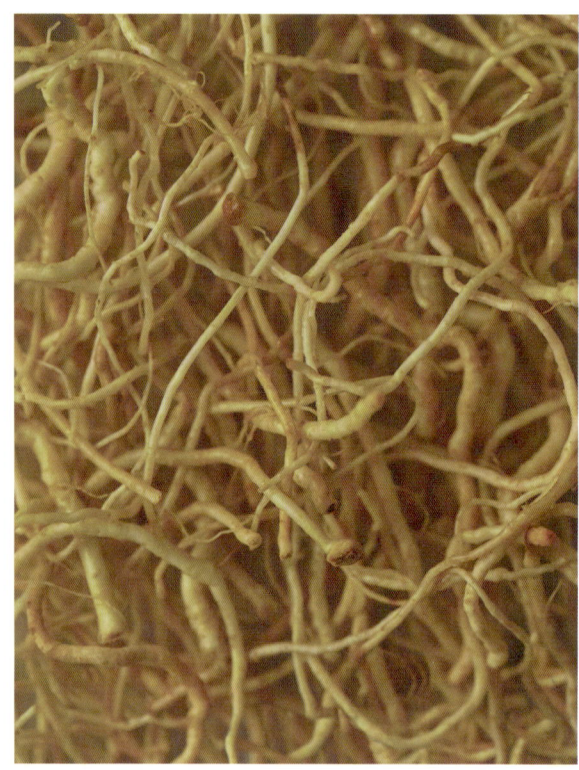

새봄에 먹는 봄의 맛, 봄나물

농부의 밥상 위 반찬으로는 늘 나물이 올라왔다. 특히 모진 겨울이 끝나갈 즈음, 새로운 에너지를 품고 돋아난 봄나물은 그 자체로 별미이자 봄의 맛이었다. 언 땅을 헤집고 나온 냉이며, 달래, 씀바귀, 미나리, 시금치 같은 봄나물은 어떤 것은 쓴맛으로, 또 어떤 것은 단맛으로 농부들의 입맛을 당겼다. 봄나물 중에서도 으뜸은 노지에서 자란 냉이였다. 땅에 뿌리를 깊이 박고 잎을 바닥에 붙여 엄동설한을 견뎌낸 냉이는 밥상에 질긴 자연의 생명력을 전했다. 이 외에도 선연한 풀빛을 지닌 미나리는 사각거리는 식감과 풋풋함으로, 달래는 은은하게 우러나는 향으로 겨울 동안 떨어진 입맛을 돋우었다.

잡초의 뿌리로 만든 올방개묵

'올방개'는 잡초다. 이 잡초는 뿌리가 굵고 강해 벼의 생장을 무던히도 방해한다. 농부들은 갖은 방법을 동원해 논에서 올방개를 뽑아냈고, 이것의 뿌리는 묵으로 만들어 먹었다. 올방개는 땅속줄기가 옆으로 뻗으면서 덩이줄기가 달리는데 이 덩이줄기에 전분이 많다. 이것을 갈아, 가라앉힌 앙금으로 만든 묵이 바로 올방개묵이다. 봄철 별미인 올방개묵은 메밀묵이나 도토리묵에 비해 윤이 나며 찰랑찰랑한데다 쫀쫀한 식감까지 지녀 나른한 봄철 입맛을 깨워줬다. 옛날 춘궁기에는 올방개의 뿌리를 생으로도 먹었다 전해진다. 올방개는 위장을 튼튼하게 하고 열을 내리며, 독소 제거와 이뇨작용, 해장 등의 효능도 지니고 있다.

신선이 먹는 채소, 가지

가지는 별명이 곤륜과(崑崙瓜)다. 글자 그대로 풀이하면 '곤륜산에서 자라는 오이'라는 뜻이다. 무협소설에 자주 등장하는 곤륜산은 신화에서 신선이 살고 있다는 곳이다. 그러니 곤륜산에서 자라는 오이는 곧 불로장생하는 신선들이 먹는 채소다. 때문에 중국에서는 가지를 보약에 비유했다. 우리나라에서는 삼국시대부터 재배가 되어 온 것으로 알려져 있다. 중국 송나라 때의 *『본초연의』에는 "신라에는 가지가 나는데 모양이 달걀 비슷하고 엷은 자색에 광택이 나며, 꼭지가 길고 맛이 단데 지금 중국에 널리 퍼졌다"라고 기록되어 있다.

*본초연의(本草衍義) - 중국 송나라 구종석이 편찬하여 1116년에 간행된 의서.

무더위 이기는 냉국

냉국은 여름철 농군들이 밥 한 숟가락 넘기기 위해 먹던 음식이다. 쌀이 귀했던 시절 물리도록 먹었던 보리밥. 그 지겹던 보리밥도 시원한 냉국에 말아 먹으면 목구멍을 술술 넘어갔다. 이제는 입맛 없는 여름철 최고의 별미가 된 오이냉국과 가지냉국이 그것이다. 우리 속담에 '며느리에게는 가지를 먹이지 말라'는 말이 있다. 얼핏 며느리 구박하는 소리처럼 들리지만 사실은 그 반대다. 가지는 성질이 차기 때문에 아이를 가져야 하는 여성, 특히 몸을 따뜻하게 유지해야 하는 임신부는 조심해서 먹으라는 뜻이다. 뒤집어보면 여름철 더위를 쫓는 데 가지만한 채소가 없었던 것임을 알 수 있다.

농부들의 휴식, 새참

농번기의 농부들은 하루 세끼의 식사 외 한두 번의 간식을 더 먹었다. 이것이 새참이다. 새참에 특별한 격식이 없었다. 국수가 가장 보편적이었고, 떡이나 옥수수, 감자, 고구마, 묵과 같은 음식 등이 참으로 나왔다. 격식이 없다고는 하나, 새참에 빠져서는 안 될 것이 하나 있었다. 바로 막걸리다. 새참을 '술참'이라고도 하는 이유가 바로 새참에 막걸리가 빠지지 않는 풍속 때문이다. 농부들은 참으로 내온 막걸리로 식전에 목을 축이거나 식후에 입가심을 했다. 막걸리 한 사발에 노동의 피로를 달랜 것이다. 더불어 술기운에 적당히 흥분되어 일손이 빨라져 흥겹게 일을 할 수도 있었다.

걸쭉하고 부드러운 아욱제물국수

'제물국수'는 국수의 종류가 아닌 국수를 끓이는 방식을 일컫는 말로, '자기 물에 삶아낸 국수'라는 뜻이다. 제물국수는 끓는 물에 국수를 넣은 다음, 국수 삶은 물을 그대로 국물로 사용한다. 특성상 국물이 걸쭉하고 면은 마치 눈 녹는 것처럼 부드럽다. 제물국수는 맹물에 끓이기도 했지만 다양한 국과 만나 조화를 이루기도 했다. 가을이면 제물국수의 짝은 아욱국이었다. 아욱국은 예로부터 '사립문을 걸어 잠그고 등을 돌려서 먹는 국'이라 했다. 가을에 맛이 오를 대로 올라 영양가로나 맛으로나 가을 최고의 음식이었기 때문이다. 된장에 마른새우를 넣고 끓여내는 아욱제물국수는 맛이 구수하고 편안하면서도 영양소가 많아 여름내 지친 농부들의 몸을 달래주는 보양식이기도 했다.

**살아서도 죽어서도
밥상을 지키는 우렁이**

가을 햇볕에 노란 벼가 알알이 여물어갈 무렵, 논에서 통통하게 살이 오르는 또 다른 생물이 있다. 부지런한 농부들만큼 여름내 잡풀을 먹으며 뜨거운 땀을 흘린 우렁이다. 고기가 귀하던 60~70년대, 우렁이는 농부들의 훌륭한 단백질 공급원 중 하나였다. 지방이 적고 맛이 담백해 일찍부터 무침, 찌개, 쌈장, 볶음 등으로 농가 밥상에 올랐다. 90년에 들어서는 친환경 농사의 잡초 제거용으로 제초제 대신에 우렁이를 유용하게 활용하고 있다. 살아서도 죽어서도 우리 내 밥상을 책임지는 우렁이다. 겨울잠을 준비하는 우렁이는 가을이 제철이다. 이 때 살이 통통하게 오르고 맛도, 영양도 가장 풍부하다.

네 가지의 덕을 지닌 대추

송나라의 시인 *왕안석은 대추나무에는 네 가지 덕이 있다 했다. "심은 해에 바로 돈이 되는 덕, 한 그루에 열매가 많이 열리는 덕, 나무의 재질이 단단한 덕, 귀신을 쫓는 덕"이다. 실제 대추는 씨를 심으면 그해 가을 어김없이 열매가 주렁주렁 열린다. 나무는 단단하고 잘 쪼개지지 않아 방망이나 떡메로 쓰인다. 또한 우리 선조들은 대추나무가 잡귀를 쫓고 병마를 막아준다고 여겨 조경 풍수에 따라 집 주변에 한두 그루를 심었다. 벼락 맞은 대추나무로는 부적을 만들어 몸에 지니고 다니기도 했다. 우리네 제사상에도 붉은 대추는 어김없이 올라간다. 대추는 씨가 하나라 조상을 향한 후손들의 한결같은 마음을, 붉게 익은 뒤에도 오랫동안 썩지 않아 조상을 향한 후손의 붉은 마음을 상징하기 때문이다.

*왕안석(王安石) - 중국 북송 시대의 문필가이자 정치인.

추위와 배고픔을 녹이던 무밥

무는 과거 주린 배를 채워주던 고마운 작물이었다. 지금이야 무가 부재료지만 과거 농가에서 무는 주식으로 여겨졌다. 김치로 나물로 국으로 장아찌로 만들어지던 무는 식량이 모자라는 해에는 밥이 되기도 했다. 굵게 채 썬 무를 쌀보다 많이 넣고 지은 무밥이 그것이다. 무밥은 밥 같지 않은 밥이었지만, 별 반찬 없이도 한 그릇 뚝딱 비우게 하는 힘이 있었다. 부드럽고 모나지 않은 맛으로 김치나 짠지 같은 강한 맛들의 찬을 감싸 안으며 농부들의 뱃속으로 들어가 추위와 배고픔을 녹여냈기 때문이다.

사람들을 불러 모으던 배추·쪽파전

밥과 채소 중심의 식사를 하던 한민족에게 전은 부족한 기름과 단백질을 동시에 섭취할 수 있는 귀한 음식이었다. 전이 풍겨내는 고소한 향은 잔치의 시작을 알리고, 이웃의 사람들을 불러 모았으며, 모두가 둘러앉아 음식을 나누도록 이끌었다. 지금과 같은 프라이팬이 없던 시절, 전을 부치는 데는 솥뚜껑만한 게 없었다. 김장이 끝나고 겨울이 깊어지면 솥뚜껑 위에 오르는 단골은 배추였다. 담백한 맛이 일품인 배추전은 유독 밀가루 옷을 얇게 입혔다. 그래야만 배추의 맛을 온전히 느낄 수 있기 때문이다. 파보다 맛이 순하고 냄새가 적어 오래 전부터 농가의 텃밭을 지켜오던 쪽파는 배추보다 더 자주 솥뚜껑 위에 올랐다. 쪽 파를 듬뿍 깔고 밀가루 반죽을 얹어서 지진 파전은 농한기 동동주 한 사발과 환상의 궁합을 자랑했다.

긴 겨울밤 뜨끈했던 간식, 고구마·군밤·가래떡

농촌의 겨울밤은 일찍 찾아왔다. 동지섣달의 밤은 왜 그리 춥고 길던지. 저녁밥을 먹고 나면 화로의 시간이었다. 무쇠화로 밑바닥에 소나무 낙엽을 깐 뒤, 저녁밥을 짓고 난 숯을 담았다. 간식이 될 고구마와 군밤은 숯 아래, 가래떡은 꼬치에 끼워 숯 위에 올려졌다. 달콤한 냄새를 피워 올리며 껍질째 구워낸 군고구마는 쫀득하면서도 부드러웠고, 노란 속살의 군밤은 구수한 단맛을 전했다. 노릇노릇 구워진 가래떡은 긴 겨울밤의 출출함을 달래기에 더없이 좋았다.

왕겨에 안긴 겨울 홍시

먹을 게 귀하던 시절, 감은 달고 향긋한 최고의 간식이었다. 채 익기도 전 떨어진 감은 따뜻한 소금물에 담가 아랫목에 묻어 단감으로, 때 맞춰 익은 감은 깎아서 실에 꿰어 곶감으로 만들어 먹었다. 그러고도 남은 감은 홍시를 만들었다. 그 옛날 홍시를 만들기 위해서는 왕겨가 필요했다. 감을 딴 후 장독이나 나무상자에 왕겨를 깔고 감을 담아 곳간에 보관했다. 왕겨에 안겨 숙성된 감은 말랑하고 부드러운 붉은 빛으로 변했다. 그 고운 빛의 홍시는 추운 겨울날 할머니 댁을 찾은 손자들에게 전해지던 할머니의 마음이 되기도, 설날의 세뱃돈이 되기도 했다.

쌀

요   리

　　　　　　　　　　　　　　　　　을

　　　　하　　　　　　　　다

땅과 바다의
바람과 시간을 품은
오찬밥

이 땅의 바다와 들녘에서 태어나,
바람을 맞고, 시간을 입은
찬들을 매만져 오찬을 만들었다.
보리굴비의 짭짤함,
포항초의 달달함,
김무침의 향긋함,
멸치의 고소함,
배추김치의 매콤 개운함이
쌀밥과 만나 다채로운
맛과 향을 뽐내는 일품요리다.

5찬 일품

재료

멸치 - 포도씨유, 간장, 생강즙, 다진 마늘
올리고당, 설탕, 통깨, 참기름
김 - 간장, 액젓, 설탕, 깨, 참기름, 쪽파
포항초 - 집간장, 깨, 액젓, 소금, 참기름
보리굴비 - 참기름, 통깨, 파채
배추김치 - 양파, 포도씨유

만드는 법

멸치볶음

1. 마른 팬에 멸치를 굽는다
   (짠 멸치는 물이나 술에 5분가량 담궈 짠기를 뺀다).
2. 팬에 포도씨유를 두르고 다진 마늘, 생강즙, 간장, 설탕을 넣고 끓인다.
3. 2가 끓으면 구운 멸치를 넣고 볶다가
   올리고당과 통깨, 참기름을 넣고 마무리 한다.

김무침

1. 쪽파는 3cm 길이로 썰어 데치고 김은 구워서 찢는다.
2. 먼저 김을 참기름으로 고루 버무린 후 간장, 액젓, 설탕,
   깨소금을 넣고 무치다가 마지막으로 데친 쪽파를 넣고 무친다.
3. 이 때 수분이 부족하면 생수나 다시마 육수를 살짝 뿌려서
   촉촉한 정도를 기호에 맞게 조절한다.

포항초나물

1. 포항초는 다듬어 씻은 후 끓는 물에 소금을 넣고
   데쳐 찬물에 헹궈 물기를 뺀다.
2. 집간장, 액젓, 깨소금, 소금, 참기름을 넣고
   간이 배어들도록 조물조물 무친다.

보리굴비

1. 보리굴비는 쌀뜨물에 담가 30~1시간 정도 불린 후 비늘을 긁어낸다.
2. 김이 오른 찜통에 대파잎을 깔고 보리굴비를 10분가량
   찌다가 청주나 소주를 뿌린 후 10~20분 더 찐다.
3. 살만 발라내어 참기름, 깨, 파채를 넣고 가볍게 무친다.

배추김치볶음

1. 김치 속을 털어낸 후 1.5cm폭으로 썰어둔다.
2. 양파도 같은 폭으로 썰어둔다.
3. 포도씨유를 두른 팬에 1과 2를 함께 넣고 충분히 볶아낸다.

콩과 쌀의
새로운
변주

콩과 쌀의 만남은
일반적으로 쌀에 콩을 곁들이는
콩밥의 형태이다.
두부 조림 밥은 반대로
콩을 재료로 한 두부가
밥을 감싸 안은 밥 요리이다.
덮밥처럼 밥을 가리지 않으면서,
반찬이 될 두부조림이
밥과 한 몸을 이룬,
각자의 영역을
말끔하게 보여주는 음식이다.

두부 조림 밥

재료

밥 1공기, 두부 1모 반(3쪽), 포도씨유 1큰 술
소금, 다진 소고기 50g, 집간장 1/2큰 술
진간장 1/2큰 술, 고춧가루 1/2작은 술
다진 마늘 1작은 술, 다진 생강 1/4작은 술
올리고당 1큰 술, 설탕 1작은 술
멸치육수 1컵, 참기름 1작은 술
꽈리고추 4~5개, 깻잎 10장

만드는 법

1. 두부는 한 모를 반으로 잘라 소금을 뿌려 두었다가 종이 타월로 물기를 닦고 팬을 달구어 포도씨유를 두른 후 노릇하게 지진다.
2. 냄비에 포도씨유를 두르고 다진 마늘과 생강을 볶다가 다진 소고기를 볶는다.
3. 양념들을 합하여 양념장을 만들어서 2의 냄비에 넣고 끓이다가 1의 두부를 넣고 조린다.
4. 꽈리고추는 씻어서 꼭지와 크기를 정리하고 깻잎은 데친다.
5. 양념장을 끼얹어가며 두부를 조리다가 4의 꽈리고추와 깻잎을 넣고 함께 조린다. 국물이 잦아들고 윤기가 생기면 두부를 꺼내서 가장자리를 1cm 폭으로 칼집을 넣고 속을 파낸다.
6. 고슬하게 지은 밥을 소금과 참기름을 넣고 양념한 후 5의 두부에 채워 담는다.
7. 그릇에 6을 담고 조려진 양념을 얹은 후 함께 조린 깻잎과 꽈리고추를 곁들여 담아낸다.

곱게 빚은
떡 같은
밥

'경단하면 떡'이라는
생각을 깨트린 요리이다.
입에 넣는 순간
쫀듯하게 씹히는 식감이 아닌
사뿐하게 뭉개지며
알알이 흩어지는 밥알의 형태를
오롯이 품고 있다.
각각의 색은 달걀채, 황태채,
김채, 콩가루, 감태와 건새우를
갈아 섞은 가루이다.

오색 밥 경단

재료

밥 1공기, 볶은 콩가루 1큰 술
김 1장, 달걀 1개
황태채 30g, 감태 1장
참기름 1큰 술, 소금 기호대로
깨소금 1큰 술, 고운 고춧가루 약간
고추장 1/2작은 술, 설탕 1큰 술

만드는 법

1. 밥은 소금과 참기름, 통깨를 넣고 밑간 해둔다.
2. 김은 가늘게 채 썰어 포도씨유, 참기름, 소금을 넣고 팬에서 볶다가 통깨, 참기름을 넣어 마무리 한다.
3. 달걀은 황백으로 나누어 풀어서 각각 지단을 얇게 부친 후 가는 채로 썬다.
4. 황태채는 가시를 발라내고 짧게 자른 후 블랜더에 곱게 갈아서 체에 내린다. 고운 고춧가루, 고추장, 참기름, 소금, 설탕, 깨소금을 더해 무쳐둔다.
5. 감태는 변색이 되지 않도록 낮은 불에서 구워 곱게 갈아둔다.
6. 1의 양념한 밥을 지름 3cm 정도 크기의 경단으로 만들어 준비한 다음 각각의 재료에 굴려 색을 입힌다.

양배추로
돌돌 말아낸
고운 쌈밥

데친 양배추로
밥을 돌돌돌 말아
한입에 쏙 들어가는
쌈밥을 완성했다.
쌈 밥 위에 곁들여진 양념은
된장에 청국장 콩을 더해 끓였다.
아삭하게 씹히는
양배추와 밥 사이로
부드럽게 뭉게지는
구수한 콩의 식감을 느낄 수 있다.

된장 소스의 양배추 말이밥

재료

밥 1공기, 양배추 5~6장

애호박 1/4 개, 표고 1장

무 50g, 양파 1/4개, 청국장 2큰술

청, 홍고추 각 1/2개, 멸치육수 1.5컵

된장 1 큰 술, 고춧가루 1/2작은 술

쌀물 1~2큰 술, 참기름 1/3 작은 술, 꿀 기호대로

만드는 법

된장 소스

1. 애호박, 표고, 무, 양파는 1cm 크기로 깍둑썰기 한다.
2. 청, 홍고추는 씨를 제거 한 후 사방 0.2cm로 썬다.
3. 멥쌀을 불려 동량의 물을 넣고 곱게 갈아둔다.
4. 냄비에 포도씨유를 두른 후 애호박은 볶아서 꺼내 놓고 무, 표고, 양파를 볶다가 멸치육수를 넣고 익힌 후 된장을 푼다.
5. 채소들이 익어 간이 배면 청국장을 넣고 쌀물로 농도를 맞춘 후 애호박, 고춧가루, 고추를 넣고 충분히 어우러지도록 끓인 후 참기름, 꿀을 넣고 마무리 한다.

양배추 말이밥

1. 밥은 소금, 참기름으로 밑간을 한다.
2. 양배추는 굵은 잎줄기 부분을 잘라내고 끓는 물에 데치거나 찜기에 찐다.
3. 2의 양배추를 겹겹이 펼쳐 놓고 1의 밥을 얹어 김밥처럼 말아 싼 다음 썰어서 된장 소스를 곁들여 담아낸다.

한 입
한 입
카나페처럼

삭히고 익힌 젓갈이
쌀밥과 만나
맛있는 한입이 됐다.
카나페처럼 장식이 되는 밥전은
밥을 살짝 튀기듯 구우면
바삭한 식감도 함께 즐길 수 있다.
밥 위에 올려진 젓갈은 조개젓,
갈치속젓, 창란젓이다.

젓갈을 올린 밥전

재료
밥 1컵, 소금 기호대로, 참기름 1작은 술
달걀 1개, 포도씨유 1큰 술
창란젓 1작은 술, 백명란젓 1작은 술
꽃멸치젓 2마리, 쪽파 1줄기
마늘 2쪽, 풋고추 1/2개, 양파 20g
흑임자 약간

만드는 법
1. 고슬하게 밥을 지은 후 소금, 참기름으로 간을 한다.
2. 창란젓은 통깨, 마늘 편, 송송 썬 풋고추, 참기름으로 무친다.
3. 백명란은 반을 갈라 알만 발라낸 후 흑임자와 참기름을 충분히 넣어 버무린다.
4. 꽃멸치젓갈의 살만 발라낸 후 굵게 다진 양파 송송 썬 실파, 참기름, 통깨를 넣고 무친다.
5. 달걀을 풀어 소금 간을 맞춘 후 1의 밥과 가볍게 섞는다.
6. 팬을 달군 후 기름을 두르고 5를 한 숟가락씩 떠 놓고 지진 다음, 뜨거울 때 준비한 젓갈들을 각각 얹어낸다.
7. 마늘편, 고추, 파채 등을 고명으로 곁들여도 좋다.

건강하게
고소한
콩의 향기

쫑쫑쫑 썬 묵은지를
돼지고기와 볶아 콩비지와 함께
밥 위에 올린 음식이다.
껍질을 벗겨 갈아 놓은
서리태를 밥 뜸 들일 때
위에 얹어 익혀냈다.
밥알의 달보드레한 맛과
콩비지의 고소한 맛이
묵은지와 만나
담백한 한 그릇이 됐다.
새우젓 양념장을 더해 먹으면
감칠맛이 배가된다.

서리태 콩비지밥

재료

서리태 1컵, 묵은지(익은 김치) 5장

돼지목살(또는 삼겹살) 200g

쌀 300g, 물 300g, 다진 마늘, 생강

참기름 1큰술, 포도씨유 1큰술, 집간장 1큰술

새우젓장 - 육젓, 생수, 쪽파, 깨, 참기름, 고춧가루

만드는 법

1. 서리태는 하루 동안 불려서 껍질을 벗긴 다음 같은 분량의 물을 넣고 간다.
2. 쌀은 씻어서 30분 동안 불린 후 소쿠리에 받쳐 물기를 뺀다.
3. 김치는 씻어서 쫑쫑쫑 썬다. (양념과 속만 털어내고 썰어도 좋다).
4. 돼지고기는 잘게 썰어 집간장, 다진 마늘, 생강, 참기름으로 양념한다.
5. 솥을 달구어 포도씨유를 두르고 김치와 돼지고기를 넣고 볶다가 불린 쌀을 넣고 볶은 후 쌀이 투명해지면 물을 붓고 밥을 짓는다.
6. 밥물이 거의 잦아들면 약불로 줄이고 1을 밥 위에 붓고 뚜껑을 덮은 후 7분가량 익힌다.
7. 불을 끄고 약 5분가량 뜸을 들인 후 밥과 콩물을 고루 섞어 담고 새우젓장이나 양념간장을 곁들여 낸다.

알알이
터지는
젓갈의 맛

백명란에 밥을 비빈 후
곱게 채 썬 양배추를
양념해 곁들여 냈다.
씹으면 알알이 탁 터지는
쩡한 젓갈의 맛과
파들파들한 양상추의 맛,
그 사이를 메우는 쌀밥이
감칠맛을 자아낸다.

명란비빔밥

재료

밥 1공기, 백명란젓 70g, 양상추 채 2컵

깻잎 채 약간, 쪽파 채 약간

집간장 1/2작은술, 참기름 2작은술

만드는 법

1. 고슬하게 밥을 짓는다.
2. 양상추, 깻잎, 쪽파는 채 썰어 찬 물에 담가 두었다가 채반에 받쳐 물기를 최대한 뺀다.
3. 백명란젓 껍질을 갈라 알만 긁어낸다.
4. 1의 밥에 3과 참기름을 넣고 젓가락으로 살살 비벼 섞어서 그릇에 담는다.
5. 2를 집간장과 참기름으로 무쳐서 4에 돌려 담는다.

채소로 빚은 떡

'버무리'는 여러 가지를
한데 뒤섞어서 만든
음식을 일컫는다.
멥쌀가루에 쑥을 넣으면 쑥버무리,
콩을 넣으면 콩버무리,
호박고지를 넣으면 호박버무리가 된다.
채소버무리는 쌀가루에 콩과 단호박,
무와 고구마를 버무려
시루에 쪄낸 요리이다.
굽거나 튀기지 않고 찜으로 만들어
채소들의 영양소 파괴가 적은
장점을 지녔다.

채소버무리

재료

단호박 200g, 고구마 200g, 마 150g

강낭콩 50g, 무 150g, 설탕 1큰술, 소금 1작은술

멥쌀가루 2컵

만드는 법

1. 멥쌀가루는 체에 내린다.
2. 단호박, 고구마, 마, 무를 길이 3cm
   굵기 0.4cm로 채 썬다.
3. 강낭콩은 삶아서 소금, 설탕으로 밑간을 한다.
4. 2의 채소들을 소금, 설탕으로 버무려 재웠다가
   소쿠리에 받쳐서 물기를 제거한다.
5. 4에 1의 쌀가루를 넣고 버무려서 둥글거나 네모난 틀에
   채워 넣고 김이 오른 찜통에서 약 10분간 찐 후 불을 끄고
   5분가량 뜸을 들인다.
6. 찜통에서 꺼내서 한 김을 식힌 후에
   틀을 제거하고 그릇에 담아낸다.

떡과 고기, 깍두기의 새로운 조합

설기는 떡의 켜를 만들지 않고
한 덩어리가 되게 찌는 시루떡이다.
깍두기 고기 설기는 떡에 고기와
깍두기가 들어 갈 수 있다는
새로운 맛의 조합을
보여주는 음식이다.
일반적으로 생각하는 떡보다는
더 든든하고 고급스러운 맛으로
한 끼의 식사로도 손색이 없다.

깍두기 고기설기

재료

멥쌀가루 1컵, 익은 깍두기 100g, 등심 100g
다진 마늘 1작은 술, 소금 약간, 후추 약간
참기름 1/2큰 술, 포도씨유 1작은 술

만드는 법

1. 멥쌀가루는 체에 내린다. 쌀가루의 간을 확인하고 소금이나 소금물로 간을 맞춘다.
2. 깍두기는 양념을 걷어 내고 사방 1cm 정도로 자른다.
3. 등심은 1.2cm 정도로 깍둑썰기 한 후 다진 마늘, 소금 후추, 참기름으로 무쳐둔다.
4. 달궈진 팬에 기름을 두르고 3의 등심을 겉만 익을 정도로 살짝 볶아 낸다.
5. 멥쌀가루에 2와 4를 넣고 골고루 섞은 후 틀에 채워 넣고 김이 오른 찜통에 10분 동안 찌고 불을 끈 후 5분가량 뜸을 들인다.
6. 찜통에서 꺼내 한 김 식혀서 그릇에 담아낸다.

푸딩같이
보드라운
찜밥

밥과 달걀찜을 접목한 찜 요리이다.
용기에 밥을 깔고
면보에 걸러낸 달걀 물을 부은 후
콩나물과 미나리,
메추리알과 오징어를 더해
다양한 식감을 즐길 수 있게 했다.
방점으로 마른생김을 올려낸다.
푸딩처럼 매끈하고 촘촘하면서
부드러운 달걀사이로 씹히는
밥알의 치감이 유독 쫀득하다.

달걀찜밥

재료

콩나물 100g, 달걀 2개, 멸치육수(달걀물 1.5배)
밥 1/2공기, 새우젓국물 1큰 술, 소금 약간
참기름 1큰 술, 오징어 1/4마리, 미나리 3줄기
메추리알 1~2개, 김 1/4장

만드는 법

1. 밥을 질게 지어 소금, 참기름으로 간을 한다.
2. 달걀은 풀어서 면보로 짠다.
3. 콩나물은 3cm 정도의 길이로 다듬은 후 반만 잠길 정도로 물을 붓고 익혀서 식힌다(국물은 별도로 식힌다).
4. 오징어는 내장을 제거 한 후 통으로 썰어 살짝 볶거나 데쳐둔다.
5. 미나리는 3cm 길이로 썰어 집간장, 참기름으로 무치고 김은 구워서 사방 2cm 크기로 자른다.
6. 멸치 육수와 콩나물육수를 합하여 달걀물의 1.5~2배 분량을 섞는다.
7. 6의 달걀 물을 새우젓 국물, 소금, 참기름으로 간을 한 다음 1의 밥에 달걀물을 절반 부어 풀어둔다.
8. 찜을 할 그릇에 7의 밥을 넣고 데친 콩나물을 얹고 달걀물을 부은 후 김이 오른 찜통에서 약 15~20분 찐다. 여기에 오징어, 미나리, 메추리알 을 얹고 5분가량 낮은 불로 찐다.
9. 8에 김을 얹어낸다.

고기와
밥을
말이쌈으로

부드럽게 숙성시킨 생우둔살에
밥을 말아 잣가루를 올린 쌈밥은
일본의 초밥을 연상시키지만
입안에서 풀어내는 맛은
더 없이 한국적이다.
지방이 적은 우둔살은 구이로 먹을 경우
퍽퍽할 수 있는 부위이나
밥이 더해지면서
쫀득한 식감의 육쌈밥이 됐다.
쫄깃한 식감의 항정살 육쌈밥은 밥,
실부추와 만나 기름진 맛은 옅어지고
향긋함은 더해졌다.

육쌈밥, 육회천엽떡갈비

재료

밥 1공기, 꾸리살 130g, 항정살 100g, 등심 100g

부추 3줄기, 간장, 소금, 다진 파, 다진 마늘

후추, 설탕, 참기름, 깨

만드는 법

1. 밥은 소금, 참기름을 넣고 살살 비벼서
   간을 한 다음 한 입 크기로 주먹밥을 만든다.
2. 꾸리살은 얇게 편을 떠 3장을 만든 후
   나머지는 결대로 채를 썰어 간장, 소금,
   다진 마늘, 후추, 설탕, 참기름 양념을 한다.
   편을 뜬 육회로 주먹밥을 싼 후 채 썬 육회를 얹는다.
3. 항정살은 최대한 얇게 편을 떠서 소금, 후추, 참기름으로
   주물러 재웠다가 팬에 굽고 부추는 살짝 데친다.
   주먹밥을 구운 항정살로 싼 후 부추로 묶는다.
4. 등심은 잘게 다져 간장, 설탕, 다진 파, 다진 마늘
   깨, 후추, 참기름에 재웠다가 주먹밥에 말아 감싼 후
   팬에 굴려가며 지진다.
5. 모두 담아낸다.

숭늉과
죽 사이의
맑은 탕

누룽지에 육수를 붓고
해산물을 더해 한 소끔 끓여낸
해물누룽지탕은
고단백 영양죽 못지않다.
특히 싱싱한 해물과
바삭한 누룽지가 만나 풀어 낸
시원하고 구수한 국물 맛이 일품이다.
적당하게 끓여
쫀득한 식감의 누룽지와
쫄깃한 해산물의 씹는 맛 또한 즐겁다.

해물누룽지탕

재료

누룽지 100g, 굴 50g, 낙지 1/3마리

쑥갓 2줄기, 애호박 50g, 대파 5cm

청양고추 1/2개, 멸치육수 3컵, 국간장 1큰 술

새우젓 국물 2작은 술, 다진 마늘 1작은 술, 소금

만드는 법

1. 굴은 소금물에 씻어둔다.
2. 낙지는 내장을 손질해 소금으로 문질러 씻은 후
   적당한 길이로 자른다.
3. 쑥갓은 줄기를 다듬고 씻어 건져두고, 애호박은 얇게 썬다.
4. 대파와 청양고추는 얇게 둥글 썰기 한다.
5. 멸치육수를 끓이다가 국간장, 새우젓 국물로
   간을 맞춘 후 누룽지를 넣고 끓인다.
6. 누룽지가 거의 퍼지면(개인이 선호하는 정도에 따라 결정)
   해물과 채소를 넣고 1~2분가량 끓이다가
   소금으로 최종 간을 맞추어 담아낸다.

한식대가 조희숙

쌀은 백지와 같다

쌀은 오랫동안 밥이나 죽의 재료로만 여겨왔다. 그 틀에 갇혀 요리재료로써 부각 받지 못했다. 허나 한식의 대가 조희숙은 말한다. 쌀은 사교성이 좋아 풍성한 요리의 주인공이 될 수 있다고. 모든 요리의 기본이 될 수 있다고. 그녀가 만들어낸 새로운 쌀 요리들을 보고 맛보고 감탄한 후 이야기를 나누었다.

<u>한식의 주인공은 무엇이라고 생각하나?</u>
한식의 '밥상'은 말 그대로 밥이 주인인 상이고, 반찬은 밥을 맛있게 먹기 위한 조연이다. 밥상 위에 올라오는 그 모든 음식들은 밥을 먹기 위한 것들이니 한식의 주인공의 밥이다. 이제 그 주인공이 변할 때가 됐다.

<u>보여주는 쌀 레시피가 낯설다. 이런 레시피를 만들게 된 계기가 있나?</u>
요리사의 길에 들어선 후 호텔에서 근무하며 외국인들에게 한식을 선보여 왔다. 헌데 우리의 전통적인 상차림이 국제시장에 걸맞지 않았다. 일반적인 한식은 코스 마지막에 또 밥을 차려내는 형태이다. 한식의 주인공은 밥인데 전체 코스에서 밥이 배제되는 것이다. 또 많은 요리를 먹은 후에 밥과 찬을 다시 내오니 밥은 정말 찬밥신세였다. 그때부터 밥으로 임팩트 있게 한식문화를 전달할 방법을 고민했다. 밥을 요리처럼 구성해 밥에 대한 접근성을 높여, 외국인들에게 밥으로 인정받고 싶었다. 이 책에 실린 레시피들은 밥이 주인공으로 올라선 메뉴들이다.

<u>요리 재료로서 쌀이 가진 매력이나 힘은 무엇인가?</u>
쌀은 모든 것을 흡수하고 받아들일 수 있는 재료다. 마치 백지와 같다. 어떤 맛으로 구성을 하느냐에 따라 어떠한 연주를 하느냐에 따라 다양한 맛과 형태로 달라질 수 있다. 또 밥은 모든 요리를 받아들일 수 있는 베이스라고 생각한다. 즉 쌀로 무언가를 풀어내기보다 쌀과 같이 어우러져 풀어낼 수 있는 조화의 범위가 훨씬 크다고 본다. 그렇기 때문에 한식은 밥으로 귀경이 된다 생각한다.

<u>쌀이 음식재료로서 가진 벽이 있다면 무엇인가?</u>
과잉된 영양학적 지식, 즉 여러 가지 영양학적 학설 때문에 생긴 쌀에 대한 고정관념이 가장 큰 틀이자 장애라고 생각한다. 한번 만들어진 고정관념은 학습이 되고 쌓이고 대물림된다. 몇 년 새 탄수화물에 대한 정보가 한쪽 방향으로만 지나치게 노출되면서 점점 우리의 식단에서 쌀이 배제되고 있다. 안타깝다. 대학원 영양학 시간에 교수님이 해주신 인상적인 말이 있다. "앞선 학설은 이를 뒤집을 학설이 나올 때 까지만 그것이 진실이다." 올바른 학설과 정확한 정보가 사람들에게 전달되었으면 한다.

쌀은 모든 것을
흡수하고
받아들일 수 있는 재료다.
마치 백지와 같다.
어떤 맛으로
구성을 하느냐에 따라
어떠한 연주를
하느냐에 따라
다양한 맛과 형태로
달라질 수 있다.

요리연구가 / 조희숙

한식의 풍미를 현대적인 감성으로 해석한 독자적인 한식 세계를 구축하고 있다. 세종호텔, 노보텔앰배서더, 그랜드인터컨티넨탈, 신라호텔 한식당을 두루 거쳐 주미 한국 대사관저 총주방장 등을 지냈다. 국내 내로라하는 젊은 셰프들의 스승이라 불리며, 36년 동안 쌓은 한식 노하우를 후배 셰프들에게 아낌없이 전달하고 있다. 그녀가 이끄는 '한식공간'은 미쉐린 가이드 서울 2019에 1스타 레스토랑으로 선정됐다.

쌀의 가능성을 극대화 할 수 있는 방법은 무엇이라고 생각하나?
'쌀=밥'의 공식에서 벗어나는 시각이 필요하다. 내 요리를 맛본 이들은 이전에 보지 않았던 생소한 한식의 모양새에 의아해하다가 맛을 보면 영락없는 우리의 한식 맛에 고개를 끄덕인다. 이런 노력이 필요하다. 늘 해오던 데로가 아닌, 누구나 할 수 있는 것이 아닌 '나만이 할 수 있는 것'을 찾아내야 한다. 쌀을 바라보는 각도, 밥을 변화시키려는 노력 등 밥에 대한 생각을 많이 하는 것이 요리사로서 밥의 가능성을 높이는 것이라고 생각한다.

쌀을 생산하는 이들에게 바라는 게 있다면?
시장에 굉장히 다양한 쌀들이 나오고 있다. 그런데 그 쌀의 정보들은 제대로 전달되지 못하고 있다. 예를 들면 '한국쌀'이라는 새로운 종류의 쌀을 시장에 내놓을 때 공급자는 이 쌀이 어떠한 품종의 쌀이며, 찰기는 어느 정도이고, 어떠한 향을 품고 있는지 알려야 한다. 이 쌀의 성격에 맞춰 다루어야 할 물 불리는 시간, 불 조절 시간 등을 라면 끓이는 방법을 적어 놓는 것처럼 포장지 뒷면에 올려놓으면 밥을 짓는 사람, 요리하는 사람들에게 굉장히 도움이 된다. 또 그 정보로 인해 사람들은 맛있는 밥맛을 즐기게 되고, 새로운 쌀 요리가 만들어질 수도 있다. 볶음밥에는 어떤 쌀이 좋은지, 비빔밥에는 어떤 쌀이 좋은지… 요리에 맞게 쌀을 선택할 수 있는 정보를 넣어야 한다. 각 쌀의 성격을 잘 알고 파악해서 전달하려는 공급자들의 노력이 필요하다.

쌀을 보다 효율적으로 소비할 수 있는 아이디어나 제안이 있다면?
과거에는 어려서부터 주변에서 가장 쉽게 접하게 되는 음식이 밥이었다. 하지만 점점 제대로 된 밥을 먹을 기회가 줄어들고 있다. 아이들의 식단을 제대로 만들어 먹여야 한다. 올바른 밥맛을 알게 해야 한다. 일본의 경우 학교에서부터 올바른 식습관을 잡아주고 있다. 단 이 과정에서 너무 영양학적인 정보에만 치중하지 말아야 한다. 지금 시대의 사이클에 맞춘 다양한 쌀 요리의 형태가 만들어 져야 한다. 아이들이 쉽게 햄버거를 사먹듯, 간단하고 맛있게 밥을 즐길 수 있는 음식 문화가 만들어져야 한다. 그게 쌀 소비를 늘리며, 우리의 밥맛을 잃지 않게 하는 방법이라 생각한다.

쌀을 헤아리다

쌀에 관한 다양한 수치들

0.02

0.02g　쌀알 5000개　벼x3

1/2

30years

1

1섬 = 180L

쌀 한 톨의 무게는 얼마일까? 쌀의 경우 도정도에 따라 무게가 달라지므로 현미로 계산해 보자. 경기도에서 전통적으로 많이 재배되고 있는 중만생종 품종을 기준으로 하면 현미 천립중은 20g 이다(농촌진흥청 품종정보). 이를 바탕으로 계산하면 현미 한 톨의 평균 무게는 0.02g 이다. 성인 1인분의 현미 중량을 100g으로 본다면 밥 한 공기에는 약 5,000개의 쌀알이 담기게 되는 것이다. 즉 우리는 품종에 따라 차이는 있지만 한 끼에 벼 세 포기 정도를 먹는다고 할 수 있다.

우리나라 국민의 쌀밥 섭취량이 30년 만에 절반으로 줄었다. 농촌진흥청의 발표에 따르면 1988년에 122.2kg이던 1인당 연간 쌀 소비량이 2018년에는 절반인 61kg으로 줄었다. 이를 바탕으로 1인당 하루 쌀 평균 소비량을 계산해 보면 167.3g으로 집계된다. 이는 역대 최소치 기록이다. 2012년 처음으로 60kg대에 접어든 쌀 소비량은 7년 만에 50kg대를 목전에 둔 상황에 처한 것이다. 쌀을 제외한 1인당 연간 기타 양곡(보리쌀, 밀가루, 잡곡 등) 소비량은 8.4kg으로 이 또한 전년대비 7.7%(0.7kg) 감소했다.

양곡을 표시하는 단위로는 '섬'이라는 용어를 사용한다. 즉 쌀 한가마니를 한 섬이라 한다. '섬' 은 원래 '석(石)'에서 유래된 것으로 벼 두 가마니 분량을 가리킨다. 장정 한사람이 짊어질 수 있는 최대용량이나 1년간 먹는 양이라는 설도 있다. 가마니의 무게는 그것이 벼냐 쌀이냐에 따라 달라진다. 벼가 방앗간에서 찧어져 쌀이 되면 껍질 등이 없어져 원래의 72%정도로 무게가 줄어들기 때문이다. 일반적으로 벼 한 가마니는 100kg로 계산하고 쌀 한 가마니는 80kg로 계산한다. 그러므로 한 섬은 벼 200kg, 쌀로 따지면 144kg이다.

88

쌀의 날

우리가 주식으로 먹고 있는 쌀이 생산되는 과정은 정성 그 자체다. 흙을 고르고, 볍씨를 골라 담그고, 못자리를 만들어 모를 심고, 잡초 뽑고, 김을 매고, 벼를 베서 낟알을 털고 말려, 방아를 찧어야만 마침내 쌀이 돼 사람들의 입에 들어간다. 즉 쌀이 되기까지 농부의 손을 여든여덟 번을 거쳐야 한다. 무려 88번의 과정을 거친다고 해서 쌀의 한자는 八十八을 뜻하는 미(米)로 쓴다. 十자에 위, 아래로 八자가 붙어 米자가 되었다는 얘기다. 이러한 연유로 8월 18일을 '쌀의 날'로 정해 기념하고 있다.

242

KRW 240,000

통계청이 발표한 2018년 12월 5일 기준 쌀 한 가마(80kg) 산지 가격은 19만3,696원이다. 밥 한 공기를(100g)로 따지면 242원이다. 소주 1잔 500원, 자판기 커피 1잔 300원보다 낮다. 피자 큰 것 한 판(2만~3만5000원)이나 치킨 한 마리(1만 5000~2만 원) 먹을 돈이면 쌀 10kg들이 한 포대(2만 4,212원)를 살 수 있다. 쌀 10kg이면 쌀밥 100공기다. 농민들은 밥 한 공기 가격이 300원은 되어야 최저 생계를 유지할 수 있다고 생각한다. 이는 쌀 한 가마에 24만원이 되어야 하는 수치이다.

300

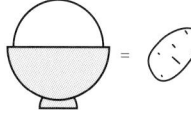

300kcal

갓 지은 밥에서 나는 냄새와 김이 모락모락 나는 모습을 보고 있으면 군침이 돌기 마련이다. 맛과 향에 취해 먹다보면 한 그릇 뚝딱은 순식간이다. 이렇게 먹는 밥 한공기의 칼로리는 얼마나 될까? 밥 한공기의 칼로리 양은 출처마다 조금씩 다르다. 그래서 요즘 가장 많이 판매되고 있는 즉석 밥인 햇반을 기준으로 삼았다. 햇반 200g의 표기 사항을 참고하면 칼로리는 300kcal이다. 여기에는 탄수화물 65g, 단백질 5g, 지방 1.4g, 포화지방 0.5g, 나트륨 14mg 이 포함되어 있다. 이는 보통 200g 감자 3개와 비슷한 열량이다.

쌀의 순환 과거 vs 현재

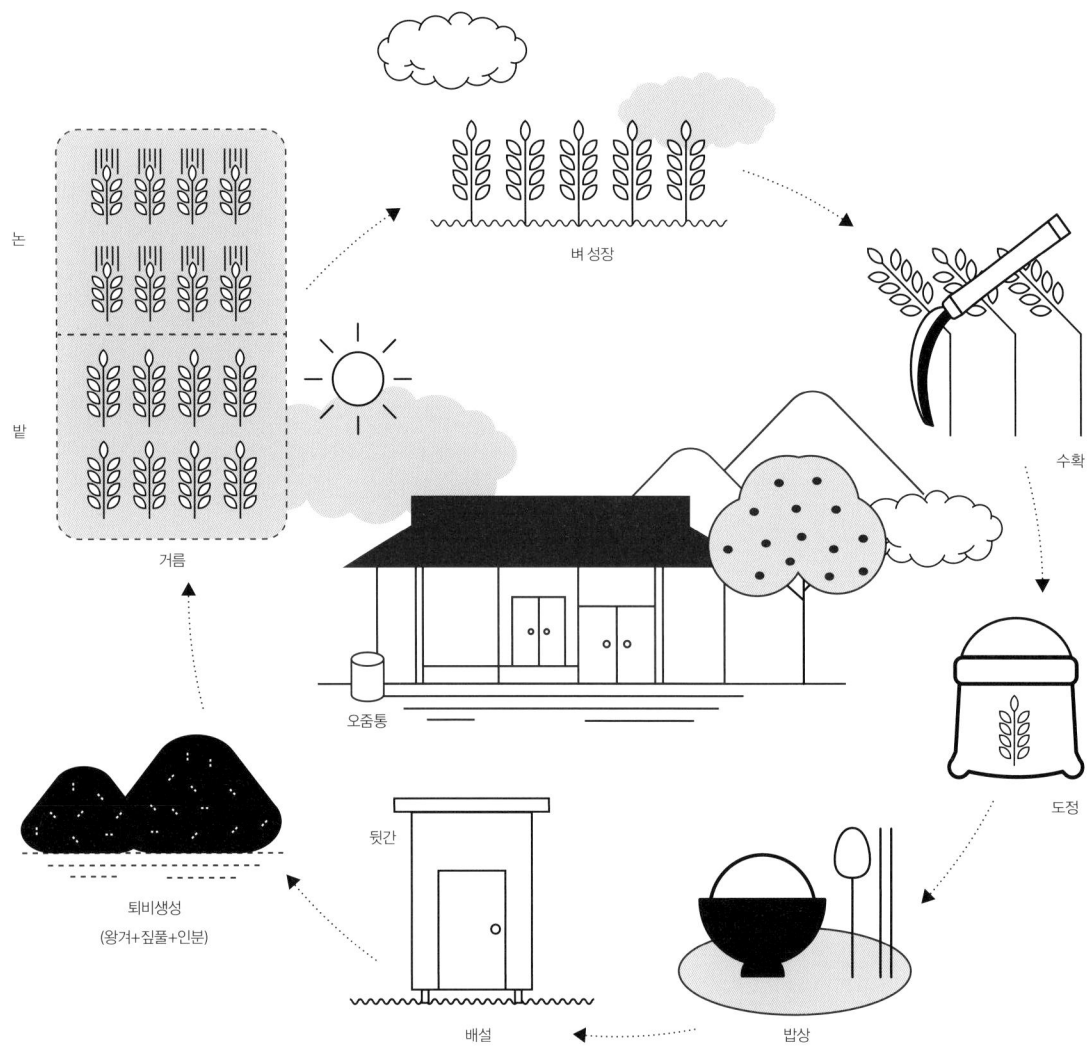

과거 귀중한 자원이었던 똥과 오줌

옛날부터 내려오는 말 중에 '밥은 밖에서 먹어도 똥은 집에서 싸라'는 말이 있다. 이 말은 농경사회에서 사람의 똥과 오줌이 얼마나 귀한 물건으로 대접 받았는지 알게 한다. 과거 도시엔 인분을 수거하는 직업이 있었고, 중간 상인을 거쳐 농촌에 돈을 받고 팔았다는 기록도 있다. 화학비료가 일반화되기 전, 분뇨로 흙에 주는 영양제(퇴비)를 만들어 썼기 때문이다. 과거 농사를 짓는 사람들과 가족들은 반드시 자기 집에 돌아와 볼일을 보았다. 또한 손님, 친구, 이웃이 모이는 사랑방 가까운 곳에는 뒷간과 오줌통을 두었다. 사람들에게 술, 밥을 넉넉히 내놓은 후에는 배불리 먹고 놀다 싸고 가라는 의미로 덜 볶은 콩을 대접하기도 했다. 비료가 그만큼 소중했기 때문이다. 당시 남이나 이웃에게 수확한 곡식은 줘도, 거름은 주지 않았다 전해진다. 흙에서 재배된 쌀을 먹고, 다시 사람의 인분으로 흙에게 돌려주는 과정은 흙에서 와 흙으로 돌아가는 아름다운 자연의 순환을 보여준다.

버려지는 것에 의미를 더한, 커피 찌꺼기

현대인에게 이제 식사 후 커피를 즐기는 것은 자연스러운 일상이 됐다. 2017년 기준 성인 1인당 연간 커피 소비량은 377잔으로, 1년 365일 매일같이 커피를 마시는 꼴이다. 우리가 마시는 아메리카노 커피 한 잔을 내리는 데는 원두의 0.2%만 사용된다. 다시 말해 나머지 99.8%가 커피 찌꺼기로 배출된다. 환경부에 따르면 2017년 발생한 커피 찌꺼기의 양은 12만 4000t에 이른다. 특히 커피전문점이 몰려 있는 서울에서는 매일 140t의 커피 찌꺼기가 쓰레기로 배출되고 있다. 버려지던 커피 찌꺼기가 2015년부터 스타벅스의 주도 아래 퇴비, 사료, 버섯배지, 화분, 판재 등의 다양한 용도로 새롭게 재탄생되고 있다. 특히 퇴비로 각광받고 있는데 커피 찌꺼기로 만든 퇴비에는 식물 성장에 꼭 필요한 성분인 질소, 인, 칼륨 등이 풍부하다. 스타벅스에는 이 퇴비로 자란 쌀로 만든 라이스칩과 쌀빵을 판매해 쌀과 커피의 아름다운 순환을 보여주고 있다.

볏짚의 순환

**태어나는 순간부터
죽는 순간까지 함께했던 볏짚**

과거 이 땅엔 흔하디흔한 게 볏짚이었다.
마당에 쌓아 놓은 볏짚 낟가리 규모로
그 집 살림살이 형편이 가늠됐고,
흔한 볏짚은 절대적인 생활재료였다.
요람에서 무덤까지…
과거의 볏짚은 생활 그 자체였다.

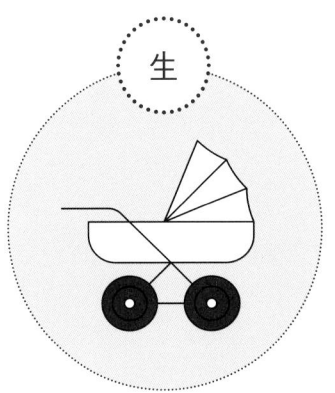

生

옛날 산모가 진통을 시작하면 정갈하게 추린 볏짚을 골라 산모에게 깔아주고 그 위에서 아기를 받았다. 이는 짚이 출산할 때 흐르는 양수와 피 같은 분비물을 편하게 처리할 수 있게 해줄 뿐 아니라 아이가 평생 굶지 말고 살라는 염원에서였다. 아이가 태어나면 대문에 거는 금줄 또한 볏짚을 꼰 것이었다.

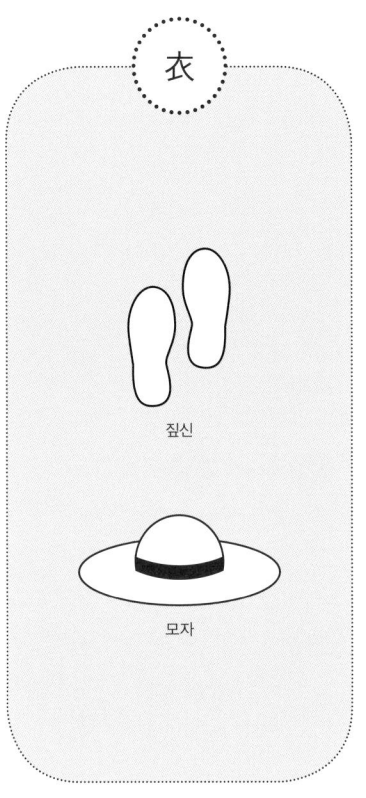

衣

짚신

모자

우리의 선조들은 볏짚으로 '도롱이'라는 비옷을 만들어 입는 것은 물론 모자 또는 신발에도 볏짚을 활용 했다. 특히 우리 조상들은 선비와 서민을 가리지 않고 누구나 짚신을 신었다. 농가에서는 농한기에 머슴들이 사랑방에 앉아 짚신을 삼아 식구들의 수요를 충당했고, 남는 것은 시장에 내다 팔아 용돈으로 썼다고 한다.

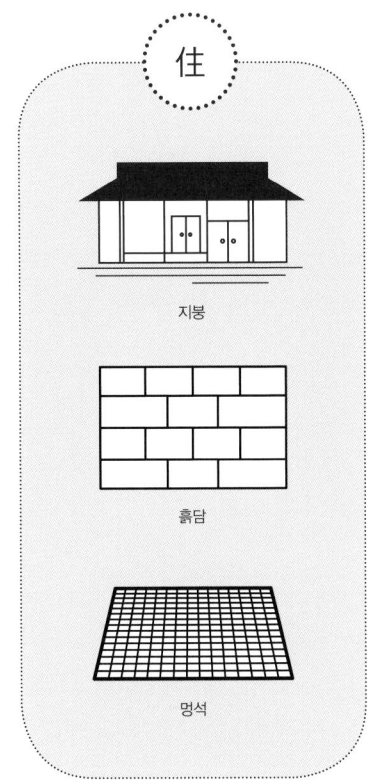

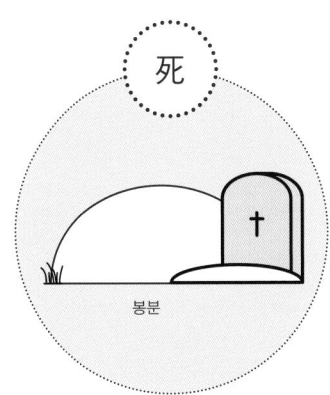

볏짚은 먹을거리 역할도 했다. 밥 지을 때 땔감으로 볏짚을 사용했고, 곡식을 보관할 가마니와 짚독도 만들었다. 메주와 생선을 매달아 발효 건조할 때도 반드시 볏짚으로 말아 걸었고, 짚을 썰어 가마솥에 끓이면 사람에게는 쌀밥과 같은 소의 먹이, 여물이 됐다. 또한 볏짚이 탈 때 나타나는 향은 음식 잡내 및 고기 누린내를 잡아주는데 탁월해 구이 요리에도 활용됐다. 전라도에서는 볏짚에 낙지를 말아서 구워서 먹었고, 부산을 대표하는 향토 음식으로 자리 잡은 짚불곰장어가 그 예이다.

볏짚은 사람과 가축이 머무를 공간이 되기도 했다. 볏짚은 우리 민족의 안식처인 지붕을 덮어주는 역할에서부터 흙담을 세울 때도 없어서는 안 되는 재료였고 짚으로 짠 멍석은 잔치·제사·장례 어디에나 활용됐다. 외양간 바닥에 깔아주는 것도 볏짚이다. 외양간 바닥에 깔아주어 소가 밟고 눕게 하고 며칠이 지나면 이 볏짚은 소의 분뇨로 축축해졌다. 차례로 긁어내어 퇴비장에 쌓아 두면 겨울 동안에 뜨끈하게 열이 나고 김이 모락모락 나면서 잘 썩어서 품질 좋은 퇴비가 됐다.

짚은 우리네 생의 마지막에도 함께했다. 사람이 죽으면 관 속에 짚을 깔고 관을 짚으로 꼰 새끼로 묶어 땅에 묻었다. 관을 짤 수 없을 정도로 가난했던 농민들은 짚을 두툼하게 엮은 거적에 시신을 둘둘 말아 묻거나 초분 아래 묻혔다. 또 시신의 품 안에는 저승길을 잘 가라는 뜻에서 짚신 한 켤레를 넣어 주었다.

쌀의 무한 변신

'쌀=밥'이라는 공식이 무너지고 있다.
다양한 가공법을 통해
새로운 음식들이 속속 등장하고 있다.
나아가 단순히 먹는 것에서 벗어나
에너지와 화장품, 치료 용으로도 쓰이고 있는
팔방미인 우리 쌀의 변신을 모아봤다.

더 이상 쌀을 밥으로만 먹지 않는다.
쌀을 다양한 형태로 가공해
빵, 과자, 면, 피자를 비롯해
누룽지스콘, 라이스크림 등
다양한 먹을거리로 즐길 수 있게 됐다.

쌀음료와 전통주에서 나아가
최근 쌀로 만든 맥주가 등장했다.
쌀맥주는 일반 맥주보다 쓴 맛은 적고
목 넘김은 더 부드럽다. 더불어
마시는 한 잔의 밥 '누룽지 마끼아또'도 등장했다.

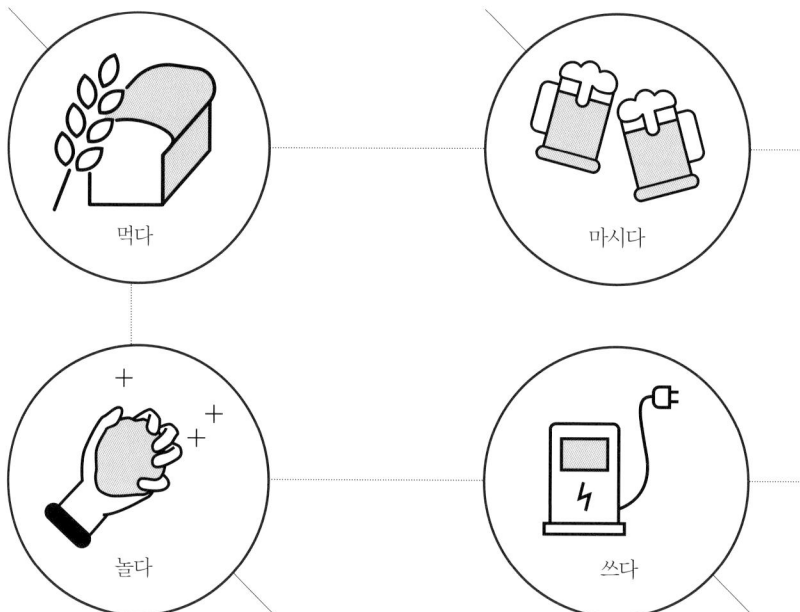

먹다 / 마시다 / 놀다 / 쓰다

라이스클레이는 쌀로 만든 놀이도구다.
국내산 쌀과 천연재료 이루어져 아이들이
가지고 놀다 먹어도 안전하다.
또한 상온에서 6시간 이상 탄성을 유지해
쌀반죽을 찰흙처럼 다양한 형태로 만들 수 있다.
최근엔 쌀로 플라스틱 만들기에 성공,
이 쌀플라스틱으로 장난감과 쓰레기봉투,
식기 등을 만들어 내고 있다.

쌀은 에너지로도 쓰인다.
쌀의 섬유질과 전분을 이용하여
바이오소재와 에너지로 활용되는
바이오 에너지용 쌀이 개발됐다.
더불어 쌀과 전분, 쌀겨,
왕겨 등을 이용하여 다양한
친환경 산업용 바이오
신소재도 개발 중이다.

쌀을 활용한 마스크팩, 베이비파우더,
삼푸 등 미용 제품들도 나와 있다.
일반적으로 쌀에는 비타민 C와 A, E, B 등
다량의 비타민이 함유돼 있다. 비타민은 보습과
진정은 물론, 미백 효과에 꼭 필요한 성분이다.

쌀뜨물은 친환경 수질정화제이기도 하다.
쌀뜨물에 미생물 생균제를 넣어 배양한 다음
배양액을 퇴비에 뿌려주면 악취를 제거하는 데
효과적이다. 더불어 수질정화와
토질 개선 효과도 있는 것으로 알려졌다.

바르다

청소하다

치료하다

건강해지다

쌀에 함유되어 있는 약리 성분을
강화하거나 생명공학기술을 접목해
질환의 치료 목적에 적합한
의약용 맞춤형 쌀이 개발됐다.
'알코올 중독용'을 비롯해 '예방백신용',
'당뇨병환자용', '성인병 예방용' 쌀 등이 있다.

건강에 관심이 높아 지면서
젊음과 건강을 유지할 수 있는
다양한 기능성 쌀이 출시됐다.
키 크는 쌀, 다이어트쌀, 고영양 쌀,
뇌활성 쌀, 미네랄 쌀,
젊음을 유지하는 쌀이다.

도움 주신 분들

백자 협찬

이기조 도예가

'조선백자의 아름다움을 전 세계에 알린 도예가'
라는 명성이 뒤따르고 있는 작가이다.
그의 손에서 창조되는 조선백자는 수 천 년을
이어온 고전적인 아름다움을 현대적으로
승화된 작품으로 평가받는다. 현존하는
국내 도예작가로는 처음으로 2004년과
2014년 두 차례에 걸쳐 뉴욕 크리스티 경매에
5점의 작품을 출품해 모두 팔렸다.

흑유 협찬

김시영 도예가

금속공학과를 다니다 우연히 흑자에 매료돼
대학원에서 요업(窯業)을 전공한 작가이다.
그의 흑유(黑釉)자기는 철분이 함유된 유약을
발라 청자와 백자보다 높은 고온에서 구워낸다.
기술적으로 특이하고 고난도의 제작법으로
만들어낸 흑유자기는 흙의 종류와 불의 온도에
따라 신비롭고도 변화무쌍한 빛깔을 보여준다.

족두리 협찬

차이킴 김영진 디자이너

국내 신한복의 새로운 영역을 개척했다는
평가를 받은 디자이너다. 맞춤복 '차이'와
기성복 '차이킴' 등 두 개의 브랜드를 운영하며
젊고 관능적인 한복을 선보여 왔다.
레이스·순면·벨벳 등 참신한 소재를 사용하며
한복의 새 지평을 열었다는 평가를 받는다.
그는 영화 '해어화'와 연극 '햄릿',
오페라 '동백아가씨' 등의 의상을 제작한 바 있다.

앞치마 협찬

이보라 디자이너

한국적이고 단아한 느낌의 앞치마와 블라우스,
소품 등을 제작하는 디자이너이다.
주로 천연 소재인 린넨이나 면 등을 사용하여
가볍고 내추럴한 느낌의 작품을 선보이고 있다.

푸드 스타일링

기정민 푸드 콘텐츠 기획자

푸드 콘텐츠 기획자로 이마트 메뉴(emart MENU)
잡지 기획 및 메뉴 개발 스타일링을 총괄 했다.
이후로 대기업 상품개발팀에서 근무 했으며,
현재는 레스토랑 콘텐츠기획자로
이탈리안 레스토랑 mangione(만지오네)를
기획했다.

참고문헌

한국의 맛 연구회 엮음 <떡, 흰 쌀로 소망을 빚다>
다홍치마, 2011
윤덕노 저, <음식으로 읽는 한국 생활사>
깊은나무, 2014
김해구 저, <오성애향장학회10주년 기념회보>
오성애향장학회 2017
대한민국 국가기록원 <기록으로 만나는 대한민국>
농촌진흥청, <자연 진화 1만년, 인공진화 50년>-2012. 5. 16. (제66호)
RDA Interrobang (66호)

발행일	2019.05.15
발행인	황금뜰신리마을 미듬영농조합법인
Director	강진주
Photo	강진주 (www.aostudio.co.kr)
Editor	이현주
Design	m29.
인쇄	ING
펴낸곳	진주식당 (www.jinjusikdang.com)
출판등록	제 2018-000096
주소	서울 용산구 녹사평대로 46가길 27-34
전화	02.3785.0516

이 책은 황금뜰신리마을 미듬영농조합법인의 협찬과 지원으로 제작되었습니다.
사진을 포함해 책에 실린 모든 정보는 직접 방문 취재한 것이며, 최대한 객관적이고 정확한 사실만을 전달합니다.
이 책의 저작권은 진주식당에 있으며 무단 전재나 복제는 법으로 금지되어 있습니다.
잘못된 책은 구입하신 곳에서 교환해 드립니다.

ISBN 979-11-966928-0-3